KB195354

아프리카에서 희망을 찾다

아프리카에서 희망을 찾다

발행일   2024년 11월 8일

지은이   강행구
펴낸이   손형국
펴낸곳   (주)북랩
편집인   선일영   편집   김은수, 배진용, 김현아, 김다빈, 김부경
디자인   이현수, 김민하, 임진형, 안유경   제작   박기성, 구성우, 이창영, 배상진
마케팅   김회란, 박진관
출판등록   2004. 12. 1(제2012-000051호)
주소   서울특별시 금천구 가산디지털 1로 168, 우림라이온스밸리 B동 B111호, B113~115호
홈페이지   www.book.co.kr
전화번호   (02)2026-5777   팩스   (02)3159-9637

ISBN   979-11-7224-359-3 03340 (종이책)   979-11-7224-360-9 05340 (전자책)

(주)북랩 성공출판의 파트너

북랩 홈페이지와 패밀리 사이트에서 다양한 출판 솔루션을 만나 보세요!

홈페이지 book.co.kr   •   **블로그** blog.naver.com/essaybook   •   **출판문의** text@book.co.kr

작가 연락처 문의 ▸ ask.book.co.kr

작가 연락처는 개인정보이므로 북랩에서 알려드릴 수 없습니다.

아프리카에서 희망을 찾다

아프리카에서 보낸 12년
용기와 인내의 외교 여정

강행구 지음

북랩

이 책은 외교관이자 영사, 그리고 한 인간으로서 아프리카에서 보낸 12년간의 도전과 성찰의 여정을 담은 기록입니다. 처음 아프리카로 발령을 받았을 때, 낯선 땅에서의 생활과 새로운 사람들과의 만남, 그리고 다양한 문화에 적응하는 일은 결코 쉽지 않았습니다. 예상치 못한 도전들이 끊임없이 이어졌고, 그에 맞서야 한다는 압박감이 저를 짓눌렀습니다.

아프리카의 대자연과 따뜻한 사람들과의 만남은 소중한 추억이었지만, 영사로서의 책임은 언제나 무거웠습니다. 현장에서 마주한 다양한 위기 상황에서 매 순간 신속한 판단이 요구되었고, 그 과정은 시간과의 긴박한 싸움이었습니다. 코트디부아르에서는 군부 쿠데타로 인해 교민들과 가족들이 위험에 처했고, 기니에서는 범죄 조직에 의해 우리 기업인이 납치되었습니다. 또한, 기니만 해역에서는 해적들에게 피랍된 선원들을 구출해야 했습니다.

생사의 갈림길에 선 국민들의 운명이 제 눈앞에서 펼쳐졌습니다. 내전과 폭력 시위로 교민들과 가족의 안전이 위태로워질 때, 그 무거운 책임감은 단순한 직무 이상이었습니다. 피랍단체가 우리 기업인의 생명을 담보로 협박할 때, 숨 막히는 긴장이 계속되었고, 해적들과의 협상 끝에 선원들을 구출하는 과정은 한 치의 실수도 용납될 수 없는 절체절명의 순간이었습니다.

이처럼 극도의 긴장 속에서 영사로서 생사를 가르는 결정을 내려야 했고, 그 과정에서 느꼈던 두려움과 무거운 책임감이 저를 압도했습니다. 이 책은 그 치열했던 순간의 기록입니다.

수많은 사건을 해결하고, 국민들이 가족의 품으로 무사히 돌아가는 모습을 지켜보며 느낀 감동은 이루 말할 수 없었습니다. 국민을 보호하는 일이 얼마나 중요한지, 그리고 그 일을 통해 사람들의 삶에 실질적인 변화를 가져올 수 있다는 사실은 저에게 깊은 만족감과 행복을 안겨주었습니다. 이러한 순간들은 영사로서의 소명을 이어가게 한 원동력이자, 제 삶의 중요한 의미로 남았습니다.

아프리카는 단순한 일터에 그치지 않고 제 삶의 일부가 되었습니다. 이곳에서의 경험은 영사로서의 성취를 넘어 인생의 전환점이자 성장의 기회였습니다. 이 책이 저의 도전과 성장을 나누는 계기가 되어, 독자 여러분도 그 여정 속에서 새로운 의미를 발견하시길 바랍니다.

이 책은 무장 폭동, 군부 쿠데타, 피랍 등 절박한 상황에서 국민을 보호하기 위해 기울인 노력과 그 과정에서 느낀 감정을 진솔하게 기록했습니다. 또한, 현장에서 국민들이 전한 생생한 목소리도 함께 담았습니다.

끝으로, 책을 읽으며 '내가 영사였다면 어떤 선택을 했을까?'라는 질문을 던져 보시기 바랍니다. 이 책이 여러분의 마음에 작은 울림을 전하길 바라며, 깊이 감사드립니다.

어느 해보다 뜨거웠던 2024년
오색 단풍의 향연을 기다리며…

실명 사용에 대한 안내

이 책에서는 저자가 만난 아프리카 현지인들의 이름을 가능한 한 실명으로 사용했습니다. 이는 그들과의 만남과 교류를 더욱 진정성 있게 전달하기 위함입니다. 반면, 공관 직원, 한국인, 그리고 기업은 개인의 사생활 보호와 기업의 안전을 위해 직책이나 일반적인 명칭으로 서술하였습니다.

삽화에 대한 안내

이 책에 수록된 일부 이미지는 독자의 상상력을 자극하고 상황에 대한 이해를 돕기 위해, 저자가 원본을 편집 및 재구성한 것입니다.

차 례

제3장 아프리카의 거인, 나이지리아에 가다

제1장

위기의 땅, 코트디부아르에 가다

코트디부아르

아프리카의 작은 파리라 불렸던 아비장에 첫발을 내딛다

　　1998년 2월, 나는 아내와 함께 첫 해외 발령지인 서아프리카의 코트디부아르로 떠났다. 파리를 경유한 비행기는 광활한 사하라 사막의 뜨거운 공기를 가른 후, 대서양 연안을 따라 날아갔다.

　　얼마의 시간이 흘렀을까. 당시 '아프리카의 작은 파리'로 불리는 아비장이 시야에 들어오기 시작했다. 잠시 후 비행기가 아비장 국제공항에 무사히 착륙하자, 나와 아내는 안도감에 휩싸였고, 현지 승객들은 환호하며 박수를 쳤다. 기내 방송이 끝나자마자, 승객들은 서둘러 짐을 챙겨 탑승구로 향했다. 우리 부부도 짐을 챙기고, 현지인들 틈에서 천천히 이동했다.

　　비행기에서 내리자, 아프리카의 뜨거운 열기와 습기가 온몸을 감쌌다. 지금까지 살아오면서 쉽게 접할 수 없었던 이국적인 풍경과 낯선 공기가 온몸을 휘감으며, '아, 드디어 아프리카에 도착했구나'라는 실감이 자연스럽게 들었다.

셔틀버스를 타고 입국장으로 이동하니, 공항 건물 앞에는 이미 긴 줄이 형성되어 있었다. 그제야 왜 사람들이 그렇게 서둘렀는지 알 수 있었다. 우리도 그 긴 줄에 서서 순서를 기다리고 있는데, 멀리서 한국인으로 보이는 사람이 다가와 말을 걸어왔다.

"강 부영사님이시죠?"

"네, 맞습니다. 그런데… 누구시죠?"

"예, 대사관의 김 서기관입니다. 고생하셨습니다. 아프리카는 처음이죠?"

"네, 처음이라서 그런지 무척 덥고 습하네요."

"처음엔 다들 그렇죠. 조금만 지나면 익숙해질 겁니다."

대사관에서 준비한 차량에 올라타자, 창밖으로 노란 택시와 주황색 미니버스, 그리고 바퀴가 세 개인 모토 택시들이 혼잡하게 뒤엉켜 다니는 모습이 보였다. 도로 양옆으로 늘어선 야자수들 사이를 지나 한참을 달리다 보니, 어느새 눈앞에 넓은 석호가 펼쳐졌다. 석호(Lagoon) 위로 놓인 긴 다리를 건너니, 멀리 고층 빌딩들이 마치 그림 같은 풍경처럼 서서히 시야에 들어왔다.

모토택시, 출처: AIP, 이미지 편집: 저자

순간, 나도 모르게 "와~" 하는 감탄사가 절로 나왔다. 예상과는 달리, 아비장에는 큰 도로변을 따라 30층이 넘는 고층 빌딩들이 즐비했고, 그 사이로는 한국을 대표하는 기업인 삼성과 LG 로고가 새겨진 대형 옥외 간판들이 눈에 띄었다. 머나먼 이국땅에서도 한국의 존재감을 느낄 수 있는 순간이었다.

아비장 전경, 출처: Croissance Afrique, 이미지 편집: 저자

우리를 태운 차는 시내를 한참 달려 한적한 주택가에 이르렀다. 길가에는 울창한 망고나무들이 줄지어 서 있었고, 그 나무들에는 망고뿐만 아니라 수십 마리의 박쥐들이 매달려 있었다.

"아니, 이런 대낮에 박쥐라니!"

내가 알던 박쥐의 생활 방식과는 너무나 다른 모습에 놀라지 않을 수 없었다. 마침 거리에서는 현지 아이들이 새총을 들고 열심히 박쥐를 사냥하고 있었다.

"여기에서는 박쥐를 식용으로 잡아요. 박쥐들이 망고를 먹고 살아서 망고나무에서 쉽게 볼 수 있죠. 해 질 무렵, 박쥐들이 무리를 지어 하늘을 나는 모습은 정말 장관이에요." 김 서기관이 미소를 지으며 내게 설명했다.

아비장의 박쥐, 출처: RTL, 이미지 편집: 저자

그렇게 아이들 사이를 지나 잠시 후, 우리가 앞으로 살게 될 아파트에 도착했다. 현지인 프랑수아가 우리를 반갑게 맞이했다. 이곳에서는 남성도 가사 도우미로 고용되는 경우가 많았는데, 프랑수아가 바로 그 역할을 해줄 사람이었다. 짐을 풀고, 우리는 프랑수아와 함께 집을 둘러보았다. 아파트는 세월의 흔적이 느껴졌지만, 아늑하고 쾌적했다. 원목으로 제작된 가구와 마감재는 고풍스러운 분위기를 자아냈으며, 천장은 아프리카의 뜨거운 열기를 식히기 위해 높게 설계되어 있었다. 거실의 큰 창문 너머로는 거대한 망고나무들이 눈에 들어왔다. 집안을 둘러보며 걸을 때마다, 목재 특유의 은은한 퀴퀴한 냄새가 풍겼지만, 오래된 공간이 주는 따뜻함 때문인지 그 냄새가 싫지 않았다.

프랑수아는 집안 곳곳을 설명하며 우리가 필요한 것들을 세심하게 챙겨주었다. 그의 따뜻한 미소에 우리는 금세 마음이 놓였다. 어느덧 아프리카에서의 첫날 밤이 다가오고 있었다. 기대와 긴장이 교차하며, 우리는 새로운 삶의 첫걸음을 내디뎠다.

아프리카에서의 첫 발자국

— 아름다움과 긴장이 공존하는 순간들 —

1990년대까지 코트디부아르는 서아프리카에서 가장 번영한 나라 중 하나로 '아프리카의 기적'이라 불렸다. 코트디부아르의 경제 수도인 아비장은 금융과 상업의 중심지로 성장했고, 부르키나파소, 말리, 기니 등 이웃 국가에서 많은 이주민이 유입되며, 전체 인구의 20~30%를 외국인이 차지하게 되었다.

아비장에서의 새로운 여정을 시작한 지도 어느덧 한 달이 흘렀다. 낯선 환경에 대한 두려움과 설렘이 뒤섞인 채 시간은 빠르게 흘렀다. 한국에서 보낸 이삿짐과 자동차가 도착하자, 이곳 생활도 안정되고 마음도 편안해졌다. 뜨거운 아비장의 태양과 높은 습도에 서서히 적응해 가는 우리 자신을 보며 뿌듯함이 느껴졌고, 동시에 한결 마음이 놓였다.

하루는 아내와 함께 **앗시니(Assinie)**를 방문했다. 앗시니는 아비장에서 차로 한 시간 거리에 있는 대표적인 휴양지다. 정착 후 처음 떠나는 여행이라, 아내와 나는 설렘 가득한 마음으로 길을 나섰다. 도로 옆으로 끝없이 이어진 야자수들을 보며 달리자, 문득 영화 '카사블랑카'의 험프리 보가트가 떠올랐다. 마치 영화 속 주인공이 된 듯한 기분이 들었다.

한참을 달리다 보니, 지평선 너머로 끝없이 이어진 파인애플 농장이 눈에 들어왔다. 그 광경은 마치 신의 축복을 받은 듯 장엄했다. 길가에는 노점상들이 몽키바나나와 파인애플을 산더미처럼 쌓아놓고 팔고 있었다. 여러 층으로 매달린 몽키바나나 한 덩이가 한국 돈으로 겨우 천 원이란다. 우리는 파인애플과 바나나 한 덩이를 사서 차에 싣고 다시 출발했다. 과일의 달콤한 향이 차 안을 가득 채우며, 무더운 날씨 속에서 잠시나마 우리를 위로해 주었다. 얼마나 더 달렸을까. 저 멀리 앗시니가 그 모습을 드러내기 시작했다.

모래사장과 야자수가 어우러진 앗시니의 풍경은 내가 생각했던 이상적인 휴양지 그 자체였다. 소금기 가득한 바다 내음이 바람을 타고 와 온몸을 감싸안았다. 우리는 백사장 끝자락에 있는 식당에 자리를 잡고, 뿔레 브레제(닭 숯불구이)와 아찌케(생선 요리)를 주문했다. 아프리카 특유의 향신료와 매콤한 현지 소스가 곁들여진 음식들이 우리의 오감을 자극했다.

앗시니 해안선의 전경, 출처: Cote d'Ivoire Tourisme, 이미지 편집: 저자

기분 좋게 배를 채운 후, 아내와 함께 해안가를 걸었다. 철썩이는 파도 소리가 우리의 발걸음을 따라오는 듯했다. 저 멀리서부터 흰 물보라를 일으키며 우리를 반겨주는 상아빛 파도는 마치 대자연이 그려낸 한 폭의 그림이었다. 이 순간, 코트디부아르의 이름이 '상아 해안'에서 유래한 이유를 알 것 같았다.

집으로 돌아오는 길에서 만난 붉게 물든 해안가의 석양은 형언할 수 없을 정도로 아름다웠다. 하늘과 바다가 태양에 삼켜져 온통 붉은빛으로 물드는 순간, 모든 고민과 걱정이 사라지는 듯했다. 아프리카에서 이런 마법 같은 풍경을 두 눈에 담을 수 있음에 깊은 감사함이 밀려왔다.

한 시간 정도를 달려 시내로 진입하기 위해 석호 위의 다리에 도착했을 때, 교통체증으로 차가 멈춰 섰다. 한참을 기다리자 차가 조금씩 움직이기 시작했지만, 이내 다시 멈추었다. 체증이 풀리기만을 하염없이 기다리고 있는데 멀리서 두 명의 건장한 현지인 남성이 빠르게 달려오는 모습이 보였다. 그들이 우리를 향해 달려오는 듯해 왠지 모를 오싹함이 스며들었다. 나는 본능적으로 차 문이 잠겼는지 확인했다.

그들은 우리 차량 앞에 다다르자마자 뛰던 걸음을 멈추고, 갑자기 문을 열려고 했다. 정말이지 그 순간, 시간이 멈춘 것처럼 느껴졌다. 아내와 나는 심장이 멎을 듯한 공포에 휩싸였고, 숨조차 쉴 수 없었다. 그들은 몇 번 문을 열려고 시도했지만, 앞차가 조금씩 움직이자 재빨리 차량 뒤쪽으로 달아났다. 나는 아내를 바라보며 그녀의 손을 꼭 잡았다. 아무 말도 할 수 없었다. 그저 이 순간이 빨리 지나가길 바랄 뿐이었다. 차량이 다리를 벗어나자, 우리는 그제야 깊은 안도의 한숨을 내쉬었다.

이날의 경험은 아프리카 생활에 대한 막연한 기대와 두려움이 현실로 다가온 순간이었다. 앗시니에서 느꼈던 한없는 감사와 풍요로움은 신기루처럼 사라지고, 대신 앞으로의 생활에 대한 걱정이 마음을 채웠다. 그 순간, 우리가 이곳에서 철저한 이방인임을 절실히 깨달았다. 평화와 긴장이 공존했던 그날, 우리 부부는 마치 천국과 지옥을 오가는 듯한 하루를 보냈다. 그날의 경험은 앞으로 우리가 마주할 수많은 일들을 예고하는 듯했다.

한국의 슈바이처, 안순구 박사와의 첫 만남

4월의 어느 날, 대사관에 육십이 다 되어 보이는 한국인 한 분이 찾아왔다. 그는 편안한 바지에 가벼운 티셔츠 차림이었다.

"안녕하세요. 안순구입니다."
노년의 신사가 미소를 지으며 먼저 인사를 건넸다. 그는 우리 정부에서 파견된 의사였다.

"예, 안녕하세요. 처음 뵙겠습니다. 이번에 새로 부임한 강행구 부영사입니다."
"네, 이야기 들었습니다. 아프리카는 처음이지요?"
"예, 해외 근무는 이번이 처음입니다. 박사님에 대해 많이 들었습니다. 오늘 유익한 이야기를 기대하고 있습니다."

안순구 박사는 공관에서 직원들을 대상으로 말라리아에 관한 강연을 위해 왔다며 반갑게 다가왔다. 그는 종종 대사관을 방문해 풍토병에 관한 생생한 정보를 전해주곤 했다. 그의 강연은 늘 생동감 넘치는 이야기로 가득 차 있어, 직원들은 그의 방문을 기대하며 기다리곤 했다.

안순구 박사는 1969년, 내가 태어난 해에 코트디부아르 국립중앙의료원에서 처음 근무를 시작했다. 이후 그는 아비장에서 150㎞ 떨어진 티아살레 도립 병원의 원장으로서 의료 봉사에 헌신하고 있었다. 의료 환경이 열악한 아프리카에서 오랜 기간 봉사하며, 안 박사는 풍부한 경험과 역량을 쌓아왔다. 그의 손길을 거친 수많은 현지인이 새로운 삶을 시작할 수 있었다. 안순구 박사는 현지인들의 출생부터 임종까지, 그들의 삶과 죽음을 보살피는 것은 물론, 친자 판정이나 어린이의 나이 판정 같은 까다로운 일까지 도맡아 처리하고 있었다.

강연이 끝난 후, 안 박사는 조만간 현지 부족 마을을 함께 방문하자고 제안했다. 그의 제안은 갑작스러웠지만, 도시 생활과는 다른 현지인 마을을 직접 경험할 수 있는 기회라는 생각에 나는 흔쾌히 수락했다. 대사관을 떠나는 그의 뒷모습을 바라보며, 아프리카 생활을 이제 막 시작한 나는 말로 다 표현할 수 없는 존경과 경외감을 느꼈다. 열악한 환경 속에서도 현지인에 대한 헌신을 다짐하며, 안 박사는 종종 이렇게 말했다고 한다.

"나는 여기에 봉사하러 온 것이지, 불평하러 온 것이 아니다!"

박사의 이 한마디는 내게 깊은 울림과 감동을 주었다. 그 말은 내 마음 깊은 곳에 자리 잡으며, 나 자신에게 굳은 다짐과 결의를 일깨워 주었다.

카카오의 땅에서

― 코트디부아르 부족 마을 체험기 ―

안순구 박사가 다녀간 지 한 달쯤 되었을 때, 그는 밀림 속에서 카카오를 경작하는 한 부족 마을에 우리 부부를 초대했다. 우리는 아비장을 벗어나 포장도로를 따라 한 시간 반쯤 달린 후, 비포장도로로 접어들었다. 아프리카의 작열하는 태양조차 가로막을 정도로 울창한 밀림이 이어졌다. 차 한 대가 겨우 지나갈 수 있는 좁은 산길을 덜컹거리며 나아가자, 길가에 심어진 나무들 사이로 푸른, 노란, 검붉은 주먹만 한 열매들이 보이기 시작했다.

카카오 열매가 자라고 있는 농장, 출처: Confectionary Production, 이미지 편집: 저자

안 박사가 말했다. "이게 바로 카카오 열매예요."

그의 말에 나는 감탄하며 대답했다. "초콜릿은 많이 먹어봤지만, 그 원료인 카카오를 직접 보는 건 처음입니다!"

그러자 안 박사는 웃으며 설명을 이어갔다. "그래요, 다들 그렇게 이야기하죠. 사실 코트디부아르는 세계 최대의 카카오 생산국입니다. 이 나라는 기후적으로 축복받은 곳이라, 씨만 뿌려도 식물이 잘 자라요. 심지어 나뭇가지를 꺾어 땅에 파묻기만 해도 나무가 스스로 자랍니다. 여기서는 아이들도 식물처럼 무럭무럭 자란다고들 해요."

나는 놀라며 말했다. "그래서 코트디부아르에서 카카오와 커피가 많이 재배되는군요!"

카카오나무가 끝없이 이어진 길을 지나자, 작은 마을이 나타났다. 마을 입구에는 아이들, 젊은 여성들, 그리고 현지인 남성들이 모여 우리를 기다리고 있었다. 우리가 차에서 내리자, 그들은 환영의 춤을 추기 시작했다. 안 박사는 부족장으로 보이는 남성과 반갑게 인사를 나눈 뒤, 그를 나에게 소개해 주었다.

나는 "오늘 초대해 주셔서 정말 감사합니다"라며 부족장에게 인사를 건넸다. 부족장 옆에 있던 여섯 명의 여성들도 미소를 지으며 우리에게 인사했다. 그 모습에 나는 "안 박사님, 이분들은 누구시죠?"라고 물었다. 내 말에 안 박사는 웃으며 대답했다. "모두 부족장의 부인들입니다."

나는 깜짝 놀라며 물었다. "여섯 명이 모두 부인이라고요? 정말 놀랍네요. 어떻게 가능한 일이죠?"

"이곳은 농경사회입니다. 자녀 수가 곧 가족의 생계를 의미하죠. 자녀가 많을수록 노동력이 많아지니, 부족장은 여섯 명의 부인을 두고 많은 자녀를 가지려 합니다."

"그런데 왜 여섯 명인가요? 더 많으면 좋지 않나요?"

"월요일부터 토요일까지 여섯 명의 부인과 하루씩 시간을 보내고, 일요일에는 혼자 쉬기 위해서죠."

여섯 명의 부인이라니, 정말 믿기 어려운 광경이었다. 나는 계속해서 궁금한 점을 물었다.

"여섯 명의 부인을 두면 문제가 생기지 않나요?"

"여기서는 첫째 부인의 영향력이 가장 큽니다. 모든 일이 그녀를 중심으로 이루어지죠. 그래서 큰 갈등은 없어요. 그들은 자신의 삶을 받아들이고 순응하는 겁니다."

나는 박사의 말을 듣고 부족장의 얼굴을 바라보았다. 부족장은 나와 눈이 마주치자 빙그레 미소를 지었다. 그가 우리의 대화를 알아들었을까? 아니면 다른 생각을 하고 있었을까? 박사의 설명에도 자녀들을 노동력으로 여기는 현실이 안타깝다는 생각만 들었다.

"아이들은 교육을 어떻게 받나요? 학교가 있는 마을까지는 꽤 멀던데요."

안 박사는 고개를 끄덕이며 말했다. "안타깝게도 대부분의 아이들은 학교에 다니지 못해요. 일부 남자아이들만이 최소한의 읽기와 쓰기를 배웁니다."

박사의 말에 나는 잠시 멈칫했다. 여전히 이런 현실이 존재한다는 사실이 놀라웠다.

그때 부족장이 우리에게 자신의 집을 보여주겠다고 제안했다. 우리는 그의 안내를 받아 여러 부인의 집을 둘러보았다. 흙으로 지어진 일곱 채의 작은 집이 나란히 서 있었고, 각각의 집에는 작은 부엌과 방 하나만 있을 뿐이었다. 첫째 부인부터 여섯째 부인까지 각자의 집을 사용하고 있었으며, 일곱 번째 집은 부족장이 일요일에 혼자 쉬는 곳이었다.

나는 부족장에게 물었다. "족장님, 가족 수가 얼마나 되나요?"

부족장은 웃으며 대답했다. "한 40명쯤 됩니다. 저기 저 큰애도 제 아들이에요."

부족장의 대답에 나는 놀라움을 감추기 어려웠다. 완벽하지 않은 불어 실력 탓에 많은 것을 물어보지는 못했지만, 안 박사의 설명만으로도 이 마을의 생활환경을 충분히 이해할 수 있었다. 건장해 보이는 큰아들은 서른을 훌쩍 넘은 나이로 보였고, 막 갓난아이를 안고 있는 여섯 번째 부인보다 나이가 많다고 했다. 마을 사람들 모두가 하나의 큰 가족, 즉 형제자매였다. 그들은 겉으로는 밝은 표정으로 우리를 맞이했지만, 그 이면에 숨겨진 현실을 생각하니 마음속 깊은 곳이 답답하게 조여오는 듯했다.

놀라움을 뒤로하고 우리는 카카오 농장으로 발길을 돌렸다. 마을 주변은 끝없이 이어진 카카오나무가 메우고 있었고, 한편에는 커피나무도 보였다. 붉은 커피 열매가 가지마다 촘촘히 달려 있었다. 이것을 말려 볶으면 우리가 흔히 마시는 원두가 된다는 사실이 새삼 신기하게 느껴졌다. 이 마을은 주로 카카오를 재배하지만, 일부 커피도 수확해 판매한다고 했다.

마을을 둘러본 후, 우리는 부족장에게 작은 선물을 전달하고 길을 내려갔다. 처음 본 카카오나무와 커피 열매, 현지 부족 마을의 생활상, 그리고 그 이면에 숨겨진 현실. 새로운 경험에 설레기도 했지만, 한편으로는 가족 모두가 카카오 생산을 위해 노동력으로 동원된다는 사실이 돌아오는 길 내내 마음을 무겁게 했다.

명예 추장 추대식에 초대받다

― 티아살레에서의 하루 ―

      카카오 농장을 방문한 후 얼마 지나지 않아, 우리 대사관 직원들은 명예 추장으로 추대되는 특별한 행사에 초대받았다. 수십 년간 현지에서 의료 활동을 펼쳐온 안순구 박사는 생명을 구하고 부족 간의 갈등을 해결하는 데 중요한 역할을 해왔다. 덕분에 그는 의사로서뿐만 아니라 지역사회의 큰 어른으로 존경받으며, 여러 부족에서 명예 촌장으로 추대되었다. 우리 대사관도 안 박사의 도움을 받아 티아살레와 인근 마을에 의료용품과 생활필수품을 지원해 왔다. 이러한 배경에서 현지 마을의 부족장은 현직 대사를 명예 추장으로 추대하기를 원했고, 이로 인해 대사관 직원들이 이 특별한 행사에 초대되었다.

  이른 아침, 우리는 아비장을 떠나 약 두 시간을 달려 티아살레에 있는 안순구 박사의 병원에 도착했다. 멀리서 본 병원 건물은 군데군데 페인트가 벗겨진 소박한 단층 건물이었다. 내가 기대했던 도립 병원의 모습과는 거리가 멀었다.

병원 앞에서는 안 박사와 하얀 가운을 입은 현지 의료진이 우리를 반갑게 맞아주었다. 외관은 낡았지만, 그들의 따뜻한 환영 속에서 진심이 느껴졌다. 실로 백의(白衣)의 천사들이었다.

"안녕하세요, 박사님. 또 뵙습니다. 도립 병원이라 꽤 큰 병원을 기대했는데, 아담하네요."
"그럴 수 있죠. 하지만 이곳 티아살레에서 유일한 병원입니다. 인근 주민들에게는 매우 소중한 병원이죠. 비록 규모도 작고 장비도 부족하지만, 우리 의료진은 그 어떤 곳보다 열정적으로 일하고 있답니다."

안 박사는 병원을 안내하며 그동안 있었던 흥미로운 이야기를 들려주었다.
"이 병원 외에는 치료받을 곳이 없어서, 환자들이 멀리서도 찾아옵니다. 이곳 사람들에게 의사는 절대적인 존재죠. 치료 중에 환자가 세상을 떠나더라도, 의사를 원망하지 않습니다. 그들은 죽음을 삶의 한 부분으로 담담히 받아들이고, 마지막 순간도 조용히 맞이합니다. 누구도 죽음의 책임을 묻지 않죠."

박사의 말을 들으며, 나는 현지인들이 삶과 죽음을 대하는 태도에 깊은 울림을 받았다. 그들은 죽음을 두려워하거나 거부하지 않고, 마치 삶의 자연스러운 일부로 받아들이는 모습이었다. 박사는 잠시 숨을 고른 뒤, 이야기를 이어갔다.

"아픈 아이를 등에 업고, 집에서 키우던 닭을 들고 수십 킬로미터를 걸어오는 엄마를 보면 어떤 생각이 드시나요? 피부색이나 문화는 달라도, 모성애는 어디서나 같다는 걸 느낄 수 있어요. 이곳에서는 불어가 공용어지만, 시골 마을에서는 그마저도 잘 통하지 않을 때가 많아요. 그래서 부족어를 아는 사람이나 같은 종족의 간호사를 불러 통역을 부탁할 때도 있죠."

박사의 이야기를 들으며 병원을 둘러보니, 왜 그가 '한국의 슈바이처'로 불리는지 금세 이해할 수 있었다. 장비도 부족한 열악한 환경과 열대성 기후, 말라리아 같은 풍토병이 만연한 이곳에서 매일 수십 명의 환자를 돌보는 일은, 인류애와 소외된 이들을 돕겠다는 강한 의지가 없었다면 불가능했을 것이다.

병원을 둘러본 후, 우리는 명예 추대식이 열리는 행사장으로 향했다. 한참을 달려 울창한 나무들로 둘러싸인 넓은 공터에 도착하니, 각양각색의 옷을 입은 주민들이 모여 마치 화려한 모자이크처럼 장관을 이루고 있었다. 공터 한가운데에서는 전통 타악기인 '톰톰' 소리에 맞춰 여인들이 흥겹게 춤을 추고 있었다. 그들의 활기찬 움직임과 음악이 어우러져, 마을 전체가 하나의 축제로 들썩이는 듯했다.

춤추는 부족 마을 사람들, 출처: TransAfrica, 이미지 편집: 저자

우리는 차에서 내려 부족 마을 안내자를 따라 행사장에 설치된
임시 텐트로 이동했다. 그곳에는 이미 마을의 부족장이 원로들과
함께 자리를 잡고 있었다. 카카오 농장의 부족장과는 달리, 그는
화려한 전통 의상을 입고, 금빛 휘장을 두른 지팡이를 들고서 근
엄하게 앉아 있었다.

우리는 부족장과 원로들에게 인사를 나누고 자리에 앉았다. 오
늘의 주인공인 대사는 부인과 함께 맨 앞에 자리했다. 잠시 후, 사
회자가 등장해 참석한 인사들을 소개하며 행사의 시작을 알렸다.
이어서 화려하게 치장한 부족의 여인들과 남성들이 짝을 지어 무
대 앞으로 나와, 젬베 리듬에 맞춰 흥겨운 춤을 선보였다. 얼마 지
나지 않아, 어린아이부터 나이 든 할머니까지 차례를 가리지 않고
자유롭게 춤을 추며 축제의 분위기를 더욱 고조시켰다.

그렇게 한 시간가량 춤의 향연이 이어지던 중, 무대 중앙으로 젊은 두 여성이 가슴을 훤히 드러내고 치마만 두른 채 등장해 춤을 추기 시작했다. 그러자 관중들의 환호성이 터져 나왔다. 그녀들은 춤을 마친 후 무대 앞으로 다가와 사회자의 안내에 따라 대사 부부 옆에 자리했다. 잠시 후 사회자가 말을 꺼냈다.

"전통적으로 추장에게는 젊은 여성이 바쳐집니다. 오늘도 우리 전통에 따라 이 두 여성은 명예 추장으로 추대되는 대사님께 드리는 선물입니다."

순간, 대사 부인의 얼굴에 당혹스러움이 스쳤다. 우리 모두도 예상치 못한 상황에 놀라움을 감추지 못했다. 부인이 바로 옆에 있는데, 새로운 부인을 선물로 준다니, 그것도 두 명씩이나!

사회자는 대사 부인에게 미소를 지으며 덧붙였다. "대사님께서 이미 부인이 있으니, 이 두 여성은 대사님을 따라가지는 않을 것입니다. 하지만, 대사님께서 원하신다면 언제든지 그녀들은 대사님을 모실 것입니다."

이 말에 우리 모두 웃음을 터뜨렸다. 안순구 박사는 이슬람에서는 보통 네 명까지 아내를 둘 수 있지만, 이곳 토속신앙에는 그런 제한이 없다고 설명했다. 어떤 부족장은 여섯 명 이상의 아내를 두기도 하며, 일반인도 능력만 된다면 여러 명의 부인을 가질 수 있다고 덧붙였다. 이어서 박사는 현지의 전통 풍습과 문화적 차이에 대해 흥미로운 이야기를 들려주었다.

"저도 여러 번 명예 추장으로 추대된 적이 있었는데, 한 번은 마을의 젊은 여성 여섯 명이 신부로 헌정되어 당황했던 적이 있었습니다. 물론 형식적인 절차였지만, 그만큼 행사는 성대하게 치러졌고, 지금도 잊을 수 없는 추억으로 남아 있어요."

안 박사의 말을 들으며, 카카오 농장을 방문했을 때 여섯 명의 아내를 둔 부족장이 떠올랐다. 이곳에서는 여전히 종교에 상관없이 일부다처제가 흔한 현실이었다. 같은 지구, 같은 시간대를 살고 있지만 이렇게나 다른 문화가 존재하다니. 그들의 문화를 존중하려고 노력하지만, 여전히 생소한 감정을 지우기 어려웠다.

잠시 후, 부족장은 대사 부부와 두 명의 젊은 여성을 무대 중앙으로 초대했다. 대사에게는 명예 추장을 상징하는 전통 의상이 입혀졌고, 마을 주민들은 뜨거운 박수로 그의 추대를 축하했다. 대사는 감사의 뜻으로 재봉틀을 선물했다. 이 재봉틀은 마을 주민들이 생계를 유지하는 데 중요한 도구로, 마을 공동체에 큰 도움이 될 선물이었다.

추대식이 끝나자마자 다시 춤의 향연이 시작되었다. 이번에는 더 많은 사람들이 참여해 더욱 열정적으로 분위기를 즐겼다. 이곳 사람들은 음악만 있으면 어디서든 자연스럽게 몸을 맡기며, 타고난 흥과 열정으로 행사장의 분위기를 한껏 끌어올렸다.

부족 마을의 흥겨운 춤과 떠들썩한 분위기를 뒤로하고, 우리 일행은 아비장으로 돌아왔다. 해가 저물고 네온사인이 켜지기 시작한 도시는 티아살레와는 전혀 다른 세상을 보여주었다. 밝게 빛나는 가로등 하나하나에 안순구 박사의 헌신과 진심 어린 봉사 정신이 떠오르며, 그 감동이 내 마음 깊은 곳에 깊이 새겨졌다.

아비장의 야경, 출처: Wikipedia, 이미지 편집: 저자

오늘의 행사는 끝났지만, 현대인들이 빠르게 변화하는 세상 속에서 살아가는 것과 달리, 이곳 사람들은 느리고 한결같은 일상을 묵묵히 받아들이며 살아가고 있었다. 세상살이에 초연한 듯한 그들의 모습은 내게 깊은 인상을 남겼다. 문득, 추대식에서 예상치 못한 상황에 당황했던 대사 부인의 표정이 떠오르며, 나도 모르게 피식 웃음이 나왔다.

아비장에서의 첫 위기
― 말라리아의 위협과 긴급 대응 ―

　　　　아비장에서의 생활도 어느덧 반년이 지났다. 불어가 완벽하지는 않았지만, 기본적인 의사소통이 가능해지면서 현지 직원들과 더 가까워졌다. 그러던 어느 날 아침, 대사관에 긴급 전화가 걸려 왔다. 코르호고(Korhogo) 시에 머물고 있던 한국인 여학생이 고열에 시달리며 정신이 혼미해져 'North Korea'라는 단어를 반복하고 있다는 것이었다. 전화를 건 외국인은 그녀가 한국 국적이기에 대사관에 연락했다고 했다. 'North Korea'를 반복한다는 말에 나는 그녀의 국적을 다시 확인했다.

"혹시 그 여학생이 북한 사람인가요?"

"아니요, 여권에 'South Korea'라고 분명히 적혀 있습니다."

"알겠습니다. 잠시만 기다려 주세요."

나는 곧바로 현지 직원에게 물었다.

"코르호고가 어디죠?"

"코트디부아르 북쪽에 있는 도시입니다. 아비장에서 차량으로 약 8시간 정도 걸립니다."

"음, 8시간이라니…" 나는 잠시 망설였다. 한국인 여학생이 왜 그 먼 곳까지 갔는지 궁금해져 다시 물었다.

"왜 여학생이 코르호고에 있는 거죠?"

"미국에서 예술을 공부하는 대학원생인데, 학교에서 단체로 문화탐방을 왔다가 어제부터 고열이 나기 시작하더니 오늘은 정신 착란 증상을 보여 우리가 어떻게 할 수 없는 상황입니다. 이곳에는 큰 병원이 없어 치료를 제대로 받지 못해 급히 한국 대사관에 연락했습니다. 다행히도 지금 아비장으로 가는 차량이 있어 여학생을 태워 보낼 예정이니, 대사관에서 도움을 주셨으면 합니다."

나는 우리 국민이 위험에 처한 상황에서 망설일 수 없었다.

"알겠습니다. 함께 내려오는 분의 전화번호를 주시면 즉시 아비장에서 그녀를 인도받을 준비를 하겠습니다."

전화를 끊은 후, 상황이 심각함을 깨닫고 안순구 박사에게 급히 연락했다. 오랜 경험을 지닌 안 박사가 초기 진료를 맡는 것이 가장 적절하다고 판단했기 때문이다.

"박사님, 급히 연락드려 죄송합니다. 코르호고에서 한국인이 고열로 정신이 혼미해져 횡설수설하고 있습니다. 박사님께서 와주셔서 한번 봐주시면 정말 감사하겠습니다."

"그래요? 음, 말라리아가 의심되네요. 필요한 것들을 챙겨서 바로 아비장으로 가겠습니다. 어디로 가면 될까요?"

"아마 밤늦게나 아비장에 도착할 텐데, 그때 병원으로 가기에는 시간이 너무 늦을 것 같습니다. 우선 급한 대로 우리 집에서 검진한 후, 필요하면 병원으로 옮기는 것이 좋겠습니다."

현지 병원에는 당직 의사가 없어, 밤늦게 도착하면 의사를 만날 수 있을지 확신할 수 없었다. 이런 우려로 우선 우리 집에서 치료받는 것이 최선이라고 생각했다. 퇴근길에 가까운 슈퍼마켓에 들러 일회용 세면도구와 과일, 간식 등을 구입했다. 무엇을 준비해야 할지 고민스러웠지만, 일단 기본적인 것만 챙겼다. 임신한 아내에게 자초지종을 설명한 후, 방 하나를 임시로 사용할 수 있도록 정리했다.

저녁 무렵, 안순구 박사가 티아살레에서 우리 집에 먼저 도착했다. 여학생은 저녁 8시가 조금 넘어서야 도착할 수 있었다. 나는 현지 운전원의 도움을 받아 그녀를 준비된 방으로 옮겨 눕혔다. 안 박사는 곧바로 청진기를 꺼내 진료를 시작했다. 여학생은 진료 중에도 알아들을 수 없는 혼잣말을 계속 중얼거렸다.

진찰을 마친 안 박사가 나를 보며 말했다. "말라리아인 것 같네요. 조금만 더 늦었더라면 정말 큰일 날 뻔했습니다. 치료제와 해열 주사를 바로 투여하고, 수액을 맞히면 다행히도 회복될 가능성이 큽니다."

박사의 "조금만 더 늦었더라면"이라는 말에 가슴이 철렁했다. 그녀의 상태가 얼마나 심각한지 실감하자 불안감이 더욱 커졌다.

주사와 수액으로 그녀의 상태가 호전되길 간절히 바라며 나는 다시 박사에게 물었다.

"그런데 왜 그녀가 횡설수설하는 겁니까?"

"말라리아 원충이 혈관을 통해 퍼지면, 정신 혼미를 일으킬 수 있습니다. 이 여학생의 경우는 상태가 심각했으니, 조금 더 추이를 지켜봐야 할 것 같습니다."

안 박사의 설명에도 마음 한구석의 불안은 쉽게 가시지 않았지만, 그가 곁에 있다는 것만으로도 큰 위안이 되었다.

치료를 시작한 지 세 시간이 지나자, 여학생이 서서히 정신을 차리며 말을 걸어왔다. 다행히 그녀의 눈빛에 조금씩 생기가 돌아오는 듯 보였다.

"여기가 어디죠?"

"저는 대사관의 강 부영사입니다. 이분은 안순구 박사님이고요. 학생이 말라리아 증세가 심해서 박사님이 치료 주사와 수액을 투여했습니다. 지금은 좀 어떠세요?"

"네…. 감사합니다. 아직 머리가 아프지만, 참을 만해요."

"그런데 왜 북한이라는 단어를 계속 이야기했나요? 여기 오는 동안 그 말을 자주 해서 처음에는 북한 사람인 줄 알았습니다."

"그래요? 제가 그랬나요? 기억이 나지 않습니다."

"집은 어디세요?"

"서울입니다. 부모님이 서울에 계시고, 저만 혼자 미국에서 공부하고 있습니다."

그녀는 아내가 정성껏 준비한 죽을 먹은 후, 소파에 앉아 조금씩 안정을 되찾았다. 안색이 한결 나아진 것을 확인한 나는 그녀에게 부모님의 연락처를 물어보았다. 부모가 딸의 안부를 얼마나 걱정하고 있을지 짐작이 갔기 때문이다. 곧바로 전화를 걸어 그녀의 상태를 설명한 후, 부모님이 안심할 수 있도록 통화를 연결해 주었다.

그녀가 부모와 통화하는 동안, 나는 옆에서 지켜보며 다행이라는 생각이 들었다. 아직 완전히 회복되지 않았지만, 위기의 순간을 넘겼다는 사실에 안도감이 들었다.

그러나 통화 도중, 그녀가 갑자기 우리 부부가 자기 돈을 훔쳤다고 이야기하는 것이었다. 순간, 너무 당황스러웠다. 마치 '물에 빠진 사람을 구해줬더니 보따리를 내놓으라 한다'라는 격이었다. 나는 그녀가 부모와 통화를 마치자마자, 곧바로 그녀의 아버지에게 다시 전화를 걸어 상황을 설명했다. 그러자 그는 한동안 침묵을 지키더니, 조심스럽게 말을 꺼냈다.

"우리 딸아이가 예전에 정신과 치료를 받은 적이 있습니다. 증상이 호전되어 유학을 보냈는데, 이번에 다시 문제가 생긴 것 같습니다. 부영사님께서 우리 딸을 잘 돌봐주고 계신 걸로 알고 있으니, 그 말은 신경 쓰지 말아 주셨으면 합니다. 정말 죄송합니다."

그제야 상황이 점차 이해되기 시작했다. 안 박사도 말라리아로 인해 몸이 급격히 쇠약해지면서 이전에 겪었던 건강 문제가 다시 나타났을 가능성이 크다고 설명했다. 그녀의 복합적인 상태를 고려했을 때, 현지 병원보다는 우리 집에서 안정을 취하며 치료를 받은 후, 한국으로 돌아가는 것이 더 나을 것이라는 결론을 내렸다.

안 박사도 너무 늦은 시간이라 지인의 집에서 잠시 쉬고 오겠다며 자리를 떴다. 우리 부부는 여학생과 함께 거실에 앉아 있다가다가, 그녀가 바깥 공기를 쐬고 싶다고 해서 베란다로 안내했다. 그런데 갑자기 그녀가 아래로 뛰어내리려는 듯한 자세를 취했다. 나는 당황할 틈도 없이 급히 그녀를 붙잡고 이유를 물었다. 그러자 그녀는 아주 담담하게 "그냥 뛰어내리고 싶은 충동이 들었어요"라고 대답했다.

그 순간 두려움과 당혹감이 밀려왔다. 나는 급히 그녀를 집안으로 데리고 들어와 창문을 단단히 잠갔다. 자살 시도라도 할까 봐 온몸에 긴장이 감돌았고, 이 상황을 어떻게 처리해야 할지 막막했다.

'혹시 이것도 말라리아의 후유증일까?' 하는 생각이 들었지만, 확신할 수 없었다. 안 박사도 자리를 비운 상황에서, 임신한 아내와 나 둘뿐이었기에 걱정이 깊어졌다. 아내 역시 그녀의 예측할 수 없는 행동에 불안해했다. 상황이 더 악화되지 않도록 아내가 그녀를 방으로 데리고 가서 재웠다. 혹시 모를 상황에 대비해 나는 방 앞에서 밤을 지새우며, 그녀의 상태를 지켜보느라 온 신경을 곤두세웠다.

다음 날 아침, 안 박사가 다시 찾아와 그녀의 상태를 점검했다. 예측할 수 없는 행동을 제외하면, 말라리아 증상은 상당히 호전된 상태였다. 나는 그녀의 부모와 수시로 연락을 주고받으며, 가족 중 한 사람이 직접 와서 그녀를 데려가는 것이 좋겠다고 정중히 권했다. 그러나 그녀의 아버지는 비자를 받는 데 시간이 걸릴 것 같다며, 아비장으로 오는 대신 중간 경유지인 파리에서 그녀를 인도 받기를 희망했다. 나 또한 현재로서는 그 방법이 최선이라 판단하여, 그녀가 완전히 회복될 때까지 우리 집에서 계속 치료를 받으며 돌봐주기로 했다.

그녀가 우리 집에 머문 지 삼 일째 되던 날, 안 박사로부터 비행기를 탈 수 있을 만큼 건강이 회복되었다는 확인을 받았다. 마침 한국으로 돌아가는 교민이 있어, 그녀를 파리 경유 한국행 비행기에 동행시켜 보냈다. 결국 그녀가 파리에서 부모에게 무사히 인도되면서, 이 어색하고도 난감했던 만남은 무사히 마무리되었다.

이번 일을 통해 말라리아가 얼마나 치명적인 병인지 절감했다. 우리나라에서는 좀처럼 접하기 어려운 질병이지만, 아프리카에서는 에이즈나 다른 어떤 질병보다도 더 많은 사람들의 생명을 앗아가는 치명적인 풍토병이다. 말라리아는 초기 증상을 인지해 빠르게 약을 복용하면 금세 회복될 수 있지만, 이를 감기로 착각해 치료를 미루면 단기간에 목숨을 잃을 수 있다. 특히 말라리아가 심각한 정신적 혼란까지 일으킬 수 있다는 사실을 이번 경험으로 처음 알게 되었고, 아프리카 생활에서 건강 관리의 중요성을 다시 한번 절실히 깨달았다.

아프리카에서 태어난 첫아이와 무장 강도의 만남

1998년 12월 24일, 우리 부부에게 새로운 생명이 찾아왔다. 아비장의 열악한 의료 환경에도 불구하고, 안순구박사와 한인 원로의 권유로 첫아이를 한국이 아닌 이곳에서 낳기로 결심했다. 다행히도 아내는 순산했고, 아이는 2.4kg로 태어나 인큐베이터에 들어가지 않아도 되는 경계선을 간신히 넘겼다.

아이가 태어난 지 일주일이 조금 지난 1월 4일, 퇴근 후 산후조리를 돕기 위해 먼 길을 온 장모와 함께 현지 산부인과 병원을 찾았다. 외국인들이 주로 찾는 병원이었기에 규모는 작았지만 비교적 쾌적했다. 우리는 접수를 마치고 대기석에 앉아 담당 의사를 기다렸다. 우리보다 먼저 도착한 외국인 가족들도 조용히 대화를 나누며 차분한 분위기 속에서 진료를 기다리고 있었다.

그러던 중, 병원 문이 갑자기 열리며 세 명의 건장한 흑인 남성이 들어섰다. 그들의 차림새는 병원과는 어울리지 않았고, 눈빛에는 긴장과 불안이 가득했다. 그들은 주위를 두리번거리더니 문을 닫고, 몸속에 숨겨온 총을 꺼내 들며 외쳤다. "모두 움직이지 마!"

갑작스러운 상황에 병원 안은 순식간에 공황 상태에 빠졌다. 강도 중 한 명은 접수 창구로, 또 한 명은 대기실로, 마지막 한 명은 병원 안쪽을 향해 총을 겨누며 문 앞을 지켰다.

"여기에 현금을 담아! 빨리 움직여!" 접수 창구로 간 강도가 자루를 직원에게 던지며 거칠게 소리쳤다. 그는 직원들의 귀걸이까지 강제로 낚아챘고, 그 과정에서 한 여직원의 귀에서 피가 흘렀다. 별안간 벌어진 이 폭력적인 상황에 모두가 숨죽이며 공포에 떨었다. 사람들은 한 마디도 내뱉지 못한 채, 긴장 속에 강도들의 움직임만을 지켜보았다.

한편, 우리 가족이 있는 대기실로 온 강도는 "호주머니에 있는 지갑, 소지품, 모든 차 키를 머리 위에 놓고, 전부 바닥에 엎드려!" 라며 사람들을 위협했다. 그 순간, 주변의 소리가 희미해지고 내 머릿속에는 오직 아내와 장모, 그리고 내 품에 안긴 갓난 딸아이의 안전을 지켜야 한다는 생각만이 가득했다. 강도의 다급한 재촉이 다시 들려왔다. 딸이 차가운 시멘트 바닥에서 깨어나 울기라도 한다면, 흥분한 강도가 무슨 일을 벌일지 모른다는 두려움에 정신이 번쩍 들었다.

나는 포대기로 딸을 단단히 감싸안고 바닥에 엎드렸다. 다행히도 아이는 잠에서 깨지 않았다. 옆을 보니, 아내와 장모도 공포에 질린 채 바닥에 엎드려 있었다. 아내는 작은 가방을 머리 위에 올리고, 두려움 속에서도 최대한 침착하려 애쓰고 있었다.

아내의 모습을 보며 순간적으로 차 열쇠를 숨겨야겠다는 생각이 떠올랐다. 아이를 안은 채로 강도의 시선을 피하며, 양복 주머니에서 열쇠를 꺼내 조심스럽게 속옷 속에 감췄다. 그리고 다시 딸을 꼭 안고 바닥에 엎드렸다. 온몸이 떨리고, 긴장이 나를 압도했다. 얼마 지나지 않아, 강도가 아내의 손가방을 뒤지더니 가방을 한쪽으로 내팽개쳤다. 곧이어 그는 내게 다가와 몸을 수색하며 지갑을 가져갔다. 순간 숨긴 열쇠가 발각될까 두려워 숨을 죽였다. 만약 들킨다면, '강도가 총으로 나를 내려치지는 않을까' 하는 불안감이 엄습했다. 그 절체절명의 순간에도 아이가 차가운 바닥에 닿지 않게 온 신경을 쏟았다.

얼마나 시간이 흘렀을까. 시간의 흐름이 가늠조차 안 될 정도로 긴박함의 연속이었다. 어느 순간, 밖에서 강도들이 분주하게 나가는 소리가 들렸다. 하지만 우리는 여전히 몸을 일으킬 엄두를 내지 못했다. 멀리서 사람들이 웅성거리는 소리가 점점 가까워지자, 나는 강도들이 떠났음을 직감하고 아이를 안고 조심스럽게 일어섰다. 아내와 장모에게 강도들이 떠났음을 알리며 그들을 일으켰다.

병원 안은 울음소리와 혼란으로 아수라장이 되어 있었다. 우리는 한동안 말없이 서로를 바라보며 의자에 앉아 있었다. 대기실 구석에 널브러진 내 지갑과 아내의 손가방을 주워 들고, 잃어버린 것이 없는지 확인했다. 다행히 병원비로 준비한 현금을 제외하고는 잃어버린 것이 없었다. 밖으로 나가 보니, 내 흰색 아반떼는 강탈되지 않고 여전히 주차장에 있었다. 그제야 비로소 깊은 안도의 한숨이 나왔다.

퇴근 후 정장 차림으로 병원에 왔기에 다른 사람들보다 눈에 띨 수 있었다. 그래서 더욱 조심스럽게 행동해야 했다. 다행히도 강도들은 고급 차 위주로 세 대를 탈취해 간 것으로 확인되었다. 우리는 천천히 차를 몰아 집으로 돌아갔다. 집에 도착한 후, 상비약으로 보관해 두었던 청심환을 나눠 먹으며 놀란 마음을 진정시켰다.

무장 강도 사건을 실제로 겪었다는 사실이 영화 속 이야기가 아니라는 게 실감 났다. 태어난 지 일주일 된 아기와 산후조리를 위해 멀리 한국에서 온 장모가 상상도 못 할 일을 겪게 된 상황을 떠올리며 죄책감이 밀려왔다. 하지만 그 순간을 함께 이겨낸 가족 모두에게 깊은 감사함이 더해졌다.

태권도를 사랑하는 프랑수아
— 아프리카에서의 특별한 인연 —

프랑수아는 우리 집에서 일하는 남자 가사 도우미였다. 아비장에서는 인건비가 저렴해 대부분의 가정에서 가사 도우미를 고용했다. 대개 여성 도우미가 많았지만, 우리 집처럼 남성 도우미를 둔 경우도 있었다. 처음 전임자로부터 프랑수아를 소개받았을 때는 젊은 남성 도우미를 고용하는 것에 약간의 걱정과 부담이 있었다. 하지만, 프랑수아는 짧은 시간 안에 우리 부부에게 강한 책임감과 나름의 확고한 삶의 철학을 지닌 사람이라는 인상을 심어주었다. 그와 함께 생활하면서 그의 성실함과 진솔함에 탄복한 적이 한두 번이 아니었다.

프랑수아는 더 나은 삶을 찾아 어린 아내와 함께 부르키나파소에서 아비장으로 이주해 온 이주 노동자였다. 부르키나파소는 사하라 사막 남쪽 가장자리에 위치한 나라로 생활환경이 매우 열악하지만, 국민 대부분이 근면 성실한 것으로 알려져 있다.

아비장에서 불어를 배우기 시작한 나는 프랑수아와의 대화를 통해 언어 연습을 이어갔다. 그러던 어느 날, 그가 뜻밖의 질문을 던졌다.

"부영사님, 태권도를 할 줄 아십니까?"

그의 말에 나는 웃으며 "물론이지. 대한민국 남자라면 군대에서 태권도를 배우니까, 나도 기본은 하지"라고 답했다.

그러자 프랑수아는 놀란 표정으로 "저도 태권도를 배우고 있습니다. 곧 검은 띠 심사를 앞두고 있어서 열심히 준비 중입니다"라고 대답하는 것 아닌가. 그 말에 나는 깜짝 놀라며 물었다.

"얼마나 배웠어?"

"일 년 정도요."

"그런데 무엇 때문에 태권도를 배우게 됐어?"

"태권도를 배우면 자신을 스스로 보호할 수 있을 것 같았습니다. 얼마 전에도 집에 가는 길에 불량배를 만났는데, 태권도로 위기를 모면했거든요."

자신감 넘치는 프랑수아의 모습에 나는 미소를 지으며 다시 물었다.

"프랑수아, 검정 띠 심사는 언제 보지?"

"네, 일주일 뒤에 봅니다."

그의 목소리에는 기대와 긴장감이 담겨 있었다. 나는 걱정스러운 마음에 "그렇구나. 도복은 준비됐어?"라고 물었다. 프랑수아는 잠시 머뭇거리며 조용히 말했다. "아니요. 여기서는 도복을 구하기가 어렵습니다. 낡은 도복을 빌려 입을 예정입니다."

다음 날, 나는 대사관 창고에서 여유분의 태권도복을 찾아 준비했다. 심사 전날, 프랑수아에게 도복을 건네며 격려하자, 그는 감격한 표정으로 연신 감사하다는 말을 반복했다. 그의 눈빛에서 태권도에 대한 진정성과 열정을 느낄 수 있었다.

태권도 심사 다음 날 아침, 나는 프랑수아에게 심사를 잘 통과했는지 물었다. 그러자 그는 환한 미소를 지으며 "네, 초단을 땄습니다"라고 말했다. 프랑수아에게 새 도복을 입고 갔더니 사람들이 뭐라고 했는지 묻자, 그는 눈을 반짝이며 말했다.

"모두 도복을 어디서 구했냐고 물었어요. 제가 모시고 있는 마스터가 주셨다고 하니까, 다들 뭐 하는 분이냐고 궁금해했습니다. 특히, 도복에 새겨진 태극마크가 모두의 눈길을 사로잡았습니다!"라고 기쁨 가득한 목소리로 대답했다.

프랑수아의 자부심 가득한 모습에 나 또한 뿌듯했다. 사실, 우리 정부는 오래전부터 태권도 사범을 아프리카 여러 나라에 파견하여 태권도 보급에 노력해 왔다. 그 덕분에 현지 지방 마을에서도 태권도장을 쉽게 볼 수 있었다. 태권도는 현지인들 사이에서 강한 무술로 인식되었고, 이는 성룡과 이소룡이 출연한 영화가 아프리카에서도 방영된 것이 큰 영향을 미쳤다. 현지인들은 영화 속 액션을 태권도와 동일하게 여기며, 태권도를 매우 강력한 무술로 받아들였다.

프랑수아의 열정적인 모습을 보며, 도복을 정말 적절한 사람에게 준 것 같다는 생각이 들었다. 그의 진지한 태도와 헌신을 보며, 태극마크가 새겨진 도복을 입고 계속해서 실력을 갈고닦을 것이라는 확신이 들었다. 동시에, 우리 집에 믿음직한 가사 도우미이자 경호원이 있다는 생각에 마음이 한결 든든해졌다.

쿠데타 속에서 맞이한 딸아이의 첫돌

― 아비장에서의 긴박한 순간 ―

1999년 12월 22일, 며칠 뒤면 딸아이의 첫돌이 되는 날이었다. 우리 부부는 딸의 첫 생일을 준비하기 위해 퇴근 후 시장으로 향했다. 집을 나와 큰 도로에 접어드는 순간, 군복을 입고 무장한 사람들이 탄 차량이 우리와 반대 방향으로 질주하며 하늘을 향해 무차별적으로 총을 난사하고 있었다. 순간, '무슨 일이 일어난 거지? 혹시 무장 강도를 추격하는 건가?'라는 생각이 스쳤지만, 별일 아닐 거라고 여기며 우리가 자주 가는 슈퍼마켓으로 계속 차를 몰았다.

20여 분을 달려 슈퍼마켓에 도착했을 때, 입구에는 건장한 군인들이 총을 들고 서 있었다. 그들은 우리를 막으며 차를 돌리라는 손짓을 했다. 겁에 질린 아내가 내 옆으로 바짝 다가섰다. 나는 외교관 신분임을 밝히기 위해 신분증을 보여주며, "조만간 아이의 생일이라 잠시 장을 보러 왔습니다. 필요한 물건만 빨리 사고 나갈게요"라고 말했다. 군인들은 잠시 눈빛을 교환하더니, 입장을 허락하며 서둘러 장을 보라고 했다.

그 순간, 불안감이 스며들었지만, 아이의 첫 생일 준비를 포기할
수 없었다. 최대한 빨리 장을 보고 나가야겠다고 생각했다.

슈퍼마켓 안은 평소와 달리 긴장감이 감돌았다. 북적이던 사람
들은 보이지 않았고, 몇몇 사람들만이 필요한 물건을 재빨리 집어
들고는 말없이 계산대로 향했다. 우리도 서둘러 물건을 챙겨 계산
을 마친 후, 빠르게 슈퍼마켓을 빠져나왔다. 큰일이 벌어졌음을
직감한 나는 즉시 대사관의 현지 시니어 직원인 피에르에게 전화
를 걸었다.

"피에르, 무슨 일이죠? 지금 코코디(Cocody)에 있는 슈퍼에 나와
있는데, 무장한 군인들이 사람들을 통제하고 있어요."
"상황이 심각합니다. 일부 군인들이 무장 폭동을 일으킨 것 같
습니다. 조금 전에 대통령궁과 방송국 근처에서 총격전이 발생했
다는 소식이 들어왔습니다."
"총격전? 나도 여기 오는 길에 무장 차량이 하늘을 향해 총을 쏘
는 걸 봤어요."
"지금 무장한 군인들이 시내를 돌며 혼란을 일으키고 있습니다.
가능한 한 빨리 가까운 곳으로 피신하세요. 상황이 매우 위험합니
다."

피에르의 말을 듣는 순간, 가슴이 철렁했다. 전화를 끊고 아내

에게 급히 상황을 설명했다. 그녀의 얼굴이 순식간에 굳어졌고, 우리는 눈빛만으로도 서로의 두려움을 느낄 수 있었다. 슈퍼마켓 주변의 긴장감은 더 이상 가볍게 넘길 수 없는 상황임을 경고하고 있었다. 대통령궁과 방송국에서 총격전이 벌어졌다면, 이는 단순한 폭동이 아닌 쿠데타일 수 있다는 생각이 머리를 스쳤다. 코트디부아르처럼 한 번도 쿠데타가 일어난 적이 없는, 아프리카에서 가장 평화롭고 번영한 나라에서 쿠데타라니. 도저히 이 상황이 믿기지 않았다. 슈퍼마켓에서 마주친 무장 군인들이 쿠데타 세력의 일부일지도 모른다는 생각에 두려움이 밀려왔다.

내 옆에는 아내와 이제 막 한 살이 된 아이가 있었다. '이게 무슨 운명의 장난인가!' 하는 생각이 스치며, 불과 1년 전 병원에서 무장 강도들과 마주했던 순간이 떠올랐다. 아내의 두려움 가득한 눈빛이 내 마음을 더욱 조급하게 만들었다. 저 멀리서 총성과 폭발음이 들려오는 듯한 착각에 빠지고, 머릿속은 혼란으로 가득했다. 이 상황을 무사히 벗어날 수 있을까? 모든 것이 불확실한 이 순간에, 나는 가족을 안전한 곳으로 대피시키기 위해 신속한 결정을 내려야만 했다.

집으로 돌아갈 것인지, 아니면 가까운 대사 관저로 몸을 피할 것인지 고민했다. 관저에는 대사가 출장 중이라 대사 부인만 있었다. 나는 빠르게 결정을 내리고, 차를 집 대신 관저로 돌렸다. 관저는 슈퍼마켓에서 차로 5분 거리였지만, 중간에 위험한 방송국을 지나야 했다.

도로에는 어느새 차량 통행이 끊기고, 적막이 감돌았다. 방송국 근처로 다가갈수록 무장한 군인들이 배치된 모습이 보였다. 날카로운 눈빛과 굳은 표정으로 우리를 주시하는 것 같았다. 얼마 전 총격전이 벌어진 그곳의 공기는 한층 더 무겁고 긴장감이 감돌았다.

불과 5분도 안 되는 짧은 거리였지만, 집을 나설 때와는 완전히 다른 분위기였다. 아내와 아이의 안전이 머릿속을 가득 채우며, 나는 가속 페달을 본능적으로 더 깊이 밟았다. 두려움과 긴장감이 밀려들었고, 떨리는 손으로 핸들을 꽉 잡은 채 오직 앞만 바라보며 달렸다. 관저로 향하는 길이 마치 생사의 경계를 넘는 듯했다.

드디어 관저에 도착했다. 평소에는 두 명의 경비원이 주간 근무를 서지만, 그날은 한 명이 보이지 않았다. 나는 이상한 느낌이 들어 "왜 혼자 근무하고 있죠? 다른 경비원은 어디 갔나요?"라며 남아 있는 경비원에게 물었다.

"가족에게 무슨 일이 생겼다며 급히 집으로 갔습니다."

"벌써 퇴근했다고?" 나는 의아해하며 상황을 다시 생각했다. 라디오에서 들었던 무장 폭동 소식에 겁을 먹고, 다른 경비원이 급히 집으로 간 것이 분명했다. 경비원들도 무장 폭동을 처음 겪는 것이라 두려움을 감추지 못한 듯했다.

나는 남아 있는 경비원에게 단호하게 말했다. "어떤 상황에서도 자리를 비우면 안 됩니다." 그리고 집으로 간 경비원에게 빨리 복귀하라고 연락하도록 지시하며, 그의 손에 현금을 쥐어 주었다. 한 명이 이미 자리를 비운 데다, 야간 경비원이 출근할지 확실하지 않아 그를 꼭 붙들어 두고 싶었다.

관저 안으로 들어가자, 대사 부인이 긴장된 얼굴로 우리를 맞이했다.

"부영사님, 무슨 일이지요? 주방 직원과 청소하던 사람들이 군인들이 폭동을 일으켰다고 하면서 모두 집으로 돌아갔어요. 대사님도 출장 중이라 어떻게 해야 할지 모르겠습니다." 그녀의 목소리에는 불안과 혼란이 가득했다.

나는 천천히 숨을 들이마시고 차분히 상황을 설명했다.

"현재 군인들이 폭동을 일으킨 것 같습니다. 상황을 보니, 쿠데타일 가능성이 높습니다. 저희도 관저 근처 슈퍼에서 장을 보다가 상황이 심상치 않아 집 대신 관저로 왔습니다. 상황이 안정될 때까지 사모님과 함께 여기에 머물러야 할 것 같습니다."

대사 부인은 안도의 표정을 지으며 물었다. "함께 있어 준다니 저로서는 너무 든든하네요. 그런데 예지가 곧 돌인데 어떻게 하나요?" 그녀를 안심시키고자 나는 미소를 지으며 대답했다. "그러게요. 병원에서 겪었던 일도 생생한데, 또 이런 일을 겪게 될 줄은 몰랐습니다. 예지는 정말 특별한 날들을 많이 겪는 것 같습니다."

그러자 대사 부인도 딸아이를 바라보며 "예지가 힘든 시기에 태어나 더 특별한 아이가 될 것 같아요. 그래도 함께 있어서 정말 다행이에요"라며 따뜻한 미소를 지었다.

나는 곧바로 대사관 정무 담당 서기관에게 전화를 걸어 우리 부부가 관저에 머물고 있음을 알리고, 현재 상황에 대한 설명을 들었다. 이어 한인회장과 지상사 관계자들에게도 연락해 상황을 공유했다. 불안감이 엄습했지만, 지금 가장 중요한 것은 정확한 정보와 신속한 대응이었다.

통화를 마치며, 나는 스스로 마음을 다잡았다. 혼란스러운 상황 속에서도 침착함을 유지하고, 무엇보다 가족과 교민들의 안전을 지키는 데 최선을 다해야 한다고 생각했다.

교민 사회는 군인들의 폭동으로 큰 불안과 두려움에 휩싸였다. 그야말로 충격과 공포의 연속이었다. 시내 곳곳에서 강도들이 혼란을 틈타 상가를 부수고 물품을 약탈하고 있다는 소식이 속속 전해졌다. 다행히 관저가 외교단이 많이 거주하는 지역에 있어 비교적 안전했지만, 현 대통령 자택이 가까워 상황이 언제든 급변할 수 있다는 불안감이 엄습했다.

관저의 울타리는 코트디부아르의 평화로운 분위기를 반영하듯, 작은 정원수로 둘러싸여 있어 낮고 단순했다. 외부에서 내부가 쉽게 노출되어, 마음만 먹으면 누구든 울타리를 넘을 수 있는 구조였다. 이런 취약성 탓에 나는 보안을 더욱 신경 쓸 수밖에 없었다.

하지만 현재로서는 추가적인 보안 조처를 할 수 없었기에, 가능한 한 대비책을 철저히 세웠다. 나는 현관문, 뒷문, 1층 응접실의 대형 유리문까지 모든 출입문을 굳게 잠그고, 외부에서 실내를 들여다볼 수 없도록 커튼을 단단히 닫았다.

이미 집으로 돌아간 경비원에게 연락을 계속했지만, 그의 복귀는 여전히 불확실했다. 다행히 인근에 거주하는 야간 경비원이 출근해 주간 경비원과 함께 관저를 지키도록 했다. 급박한 상황임을 고려해 비상근무에 대한 보상은 현금으로 충분히 지급하며, 경비원들의 사기를 높이려 애썼다.

경비원들이 경비를 서는 동안, 건물 내부를 다시 점검하며 모든 잠금장치가 제대로 작동하는지 확인했다. 가족과 대사 부인의 안전을 위해 사소한 것 하나도 놓칠 수 없었다. 커튼을 단단히 닫았지만, 외부 시야를 완전히 차단하기 위해 몇 겹의 커튼을 더 달았다.

아내는 불안한 눈빛으로 나를 바라봤다. 나는 그녀에게 다가가 손을 꼭 잡으며 나지막이 말했다. "우리가 할 수 있는 건 다 하고 있어. 조금만 더 버티자. 곧 나아질 거야." 내 말을 듣고 그녀는 나의 노력을 알아챈 듯 조용히 고개를 끄덕였다.

경비원들이 제자리를 지키고 있는 것을 확인한 후, 나는 대사 부인에게 상황을 설명했다.

"경비는 가능한 모든 조처를 했습니다. 이제 상황이 장기화될 가능성에 대비해 식량과 물이 충분히 비축되어 있는지 확인해야 할 것 같습니다."

대사 부인은 차분하게 대답했다.

"네, 기본적인 물품들은 준비해 두었어요. 더 필요한 것이 있다면 말씀해 주세요."

나는 그녀의 준비성에 안도하며 상황을 정리했다. 할 수 있는 일은 모두 마쳤다. 이제 남은 것은 시간이 흐르기를 기다리며, 최대한 침착하게 상황을 지켜보는 것이었다.

간단히 저녁을 먹은 후, 아내와 대사 부인, 그리고 어린 딸은 2층 숙소 방으로 올라가 문을 잠그고 몸을 숨겼다. 그들이 안전하게 자리 잡은 것을 확인한 후, 나는 홀로 1층 거실에 남아 만약의 사태에 대비했다.

그날 밤, 불안감에 사로잡혀 도저히 잠을 이룰 수 없었다. 어둠 속에서 홀로 깨어 있을 때마다 외부의 작은 소리 하나하나가 크게 다가왔다. 긴장된 마음을 다잡으려 애썼지만, '만약 누군가가 침입해 온다면 어떻게 해야 할까?'라는 생각이 머릿속을 떠나지 않았다.

나는 모든 가능성을 염두에 두며 방어 수단을 고민했다. 강도들이 들이닥치면 저항할까? 아니면 현금과 귀금속을 건네며 안전을 확보할까? 답은 명확하지 않았지만, 가족과 대사 부인의 안전이 최우선이라는 것만은 분명했다. 밤새 커튼을 살짝 들어 올리며 외부를 살폈다. 멀리서 간헐적으로 들려오는 총성은 불안을 더 키웠고, 마음은 긴장감에 휩싸였다. 결국 한숨도 못 자고 1층 소파에서 밤을 지새웠다.

아침이 되어 경비실로 가니, 경비원들이 나를 반갑게 맞이했다. 그들이 밤새 자리를 지켜준 덕분에 우리가 무사할 수 있었다는 생각에 진심으로 고마움을 느꼈다. 그들에게 감사의 말을 전하며, 상황이 종료되면 충분한 보상을 약속했다. 예측할 수 없는 무장 폭동 속에서 그들의 헌신은 무엇보다 소중했다.

나는 정무 서기관과 지속해서 연락을 주고받으며 현재 상황을 점검했다. 이번 폭동은 해외 파병에서 돌아온 200여 명의 젊은 군인들이 임금 체불에 불만을 품고 일으킨 것으로 파악되었다. 무장한 군인들이 시내 곳곳에서 하늘을 향해 끊임없이 총을 쏘며 공포 분위기를 조성하고 있어, 우리 가족은 여전히 움직일 수 없는 상황에 놓여 있었다.

아비장의 군인들, 출처: African News

그러나 예상치 못한 문제가 발생했다. 딸아이의 분유와 기저귀가 모두 떨어진 것이다. 분유는 다른 음식으로 어느 정도 대신할 수 있었지만, 기저귀가 문제였다. 슈퍼에 들렀을 때 급하게 장을 보느라 이 부분까지 신경 쓰지 못한 것이 후회스러웠다.

나는 당장 상황을 어떻게 해결할지 고민에 빠졌다. 밖으로 나가는 것은 위험했지만, 딸아이의 기저귀와 분유가 다 떨어진 상황에서 어떻게든 해결책을 찾아야 했다.

혹시나 하는 마음으로 집에 전화를 걸었다. 여러 번 전화벨이 울리고, 수화기를 막 내려놓으려는 순간, 프랑수아가 전화를 받았다. 안도감이 밀려왔다.

"프랑수아, 집에 있었구나?"

"네, 어제 퇴근을 못 했습니다."

그제서야 내가 퇴근하라는 말을 하지 않았음을 깨달았다. 홀로 집에 남아 있었던 그에게 미안함과 고마움이 동시에 밀려왔다. 급박했던 어제의 상황을 설명하며 조심스럽게 부탁했다.

"프랑수아, 아이의 기저귀와 분유를 못 챙겼는데, 혹시 이곳까지 가져다줄 수 있을까? 위험하면 오지 않아도 돼."

내 말에 프랑수아는 한 치의 망설임 없이 대답했다.

"지금 바로 가지고 가겠습니다."

그의 결단에 마음이 놓였지만, 동시에 그가 감수해야 할 위험을 생각하니 걱정스러웠다. 하지만 그가 기꺼이 나서주는 모습을 보니 깊은 고마움이 밀려왔다. 평소에도 책임감이 강했지만, 이런 상황에서도 기꺼이 나서주는 모습에 다시 한번 신뢰가 깊어졌다.

프랑수아가 기저귀와 분유를 가져오는 동안, 나는 경비 상황을 다시 점검하며 경비원들에게 경계를 더욱 강화해달라고 당부했다. 시간이 흐르자 점점 초조해졌다. 차로는 20분 거리였지만, 걸으면 두 시간이 넘게 걸릴 거리였다. 프랑수아가 무사히 도착하기를 간절히 바라며 기다렸다.

예상대로 두 시간이 채 지나지 않은 오전 11시경, 배낭에 분유와 기저귀를 넣고 걸어오는 프랑수아의 모습이 보였다. 내게 비치는 그의 걸음은 마치 위험을 뚫고 돌아온 용사처럼 당당하고, 결연해 보였다. 마침내 그가 관저에 도착하자, 나는 그를 반갑게 포

웅하며 진심으로 고마움을 전했다. 프랑수아는 묵묵히 기저귀와 분유를 건네주었다. 그의 헌신이 얼마나 큰 위안이 되었는지, 그 순간 다시금 실감했다.

"고마워, 프랑수아. 정말 큰 도움이 됐어."
"당연히 해야 할 일을 했을 뿐입니다. 이제 이 상황이 무사히 지나가길 바랍니다." 그의 말에는 진정성이 가득했다.

프랑수아는 집으로 다시 돌아가겠다고 했다. 나는 조심히 가라고 당부하며 그를 배웅했다. 그의 뒷모습을 지켜보면서, '세상에 이토록 헌신적인 사람이 또 있을까?' 하는 생각과 함께 깊은 감사의 마음이 들었다.

관저 안으로 들어가 아내에게 분유와 기저귀를 건네며, 당분간 이곳에 더 머물러야 한다고 말했다. 간신히 필수품을 확보했지만, 간헐적으로 들려오는 총성은 여전히 긴장감을 놓을 수 없게 했다.

점심시간 무렵, 주방 보조원 마마두가 출근했다. 나는 깜짝 놀라며 "마마두, 어떻게 출근했어?"라고 물었다. 그는 대중교통이 끊겨 배를 타고 석호를 건넌 뒤 다시 걸어서 왔다고 했다. 마마두 역시 부르키나파소에서 건너온 이주민 출신으로, 체구가 크고 매우 성실한 직원이었다. 오랜 시간 관저에서 보조 요리사로 일하며 한국 음식은 물론 간단한 한국말도 구사할 줄 알았다.

마마두는 출근하는 길에 시내 쪽에서 총소리를 들었다며 불안해했다. 나는 현재 경비원이 두 명밖에 없다는 상황을 설명하고, 오늘 밤 관저에 함께 머물자고 제안했다. 마마두는 잠시 생각하더니 흔쾌히 이를 수락했다. 그의 결단에 든든한 지원군이 생긴 듯 마음이 놓였다.

그날 밤, 마마두와 함께 관저 1층 응접실에서 이야기를 나누며 두 번째 밤을 맞았다. 어제와 달리, 옆에 든든한 동료가 있다는 생각에 두려움이 한결 덜했다. 마마두는 가족 이야기와 고향의 풍경, 그리고 이곳에서 겪은 다양한 경험까지 들려주었다. 간단한 한국말로 농담을 주고받으며 우리는 서로를 더 깊이 이해하게 되었다.

밤이 깊어 갈수록 간헐적으로 들려오는 총성도 점차 익숙해졌다. 우리는 번갈아 가며 바깥 상황을 주시하며 긴장을 늦추지 않으려 했다. 이따금 나누는 대화와 웃음 속에서 긴장은 조금씩 풀렸지만, 여전히 예측할 수 없는 상황에 대비하고 있었다. 그렇게 긴 밤이 흐르고 어느새 새벽이 찾아왔다.

24일, 오늘은 딸아이의 첫돌이었다. 아내는 관저에 있던 미역으로 간단하게 미역국을 끓여 대사 부인과 함께 조용히 생일을 축하했다. 격변의 시기에 맞이하는 생일이라 감회가 남달랐다. 그러나 밖에서는 여전히 군인들의 폭동이 사흘째 이어지고 있었다.

구에이 전 육군참모총장과 쿠데타의 주역들, 출처:AFP

젊은 군인들이 일으킨 무장 폭동은 대통령의 무관심 속에 더 큰
불길로 번졌고, 결국 쿠데타로 이어졌다. 그들은 존경받던 구에이
(Guei) 전 육군참모총장을 새로운 지도자로 추대했다. 구에이는 국
영 TV에 출연해 "쿠데타가 성공했다"라고 선언하며, 자신이 코트
디부아르의 새로운 통치자가 될 것이라고 밝혔다. 그는 폭동을 일
으킨 군인들에게 병영으로 복귀하라고 지시했고, 그로 인해 상황
이 조금씩 진정되는 듯했다.

딸아이의 첫돌을 맞이한 이 특별한 날은 비록 평화롭지 않았지
만, 폭동이 진정되고 있다는 소식에 작은 희망이 피어올랐다. 우
리는 여전히 긴장 속에 있었지만, 한편으로는 이 고비가 서서히
끝나가고 있음을 느낄 수 있었다.

길거리에는 다시 사람들의 움직임이 보이기 시작했다. 차량도 드문드문 통행하고, 그동안 모습을 감췄던 경찰들도 다시 나타났다. 이제 조심스럽게 집으로 돌아갈 때가 온 듯했다. 우리는 상황을 조금 더 지켜본 후, 2박 3일의 짧지만, 긴 여정을 마치고 무사히 집으로 돌아갈 수 있었다. 집에 도착해 정문을 여는 순간, 지난 1년간 당연하게 여겼던 '우리 집'의 포근함과 안락함이 새삼 감사하게 느껴졌다.

이번 폭동은 작은 불씨가 들판을 태우듯, 200여 명의 무장 군인이 일으킨 사태가 결국 의도치 않은 쿠데타로 이어졌다. 이 사건은 단순한 쿠데타를 넘어, 한때 '아프리카의 기적'이라 불리던 코트디부아르가 급격히 몰락하는 계기가 되었다.

우리 가족이 무사히 집으로 돌아온 것은 다행이었으나, 여전히 불안한 정국 속에서 남은 트라우마는 쉽게 사라지지 않았다. 관저에서 보낸 2박 3일은 단순한 피신이 아니었다. 그 시간은 우리에게 아프리카 생활의 불안정성과 그 속에 도사리고 있는 위험들을 생생히 느끼게 했고, 삶의 무게를 어떻게 견디고 감내해야 하는지를 깊이 생각하게 했다.

아비장의 불길 속에서

― 혼돈과 생존의 기록 ―

2000년 9월, 우리 가족에게 사랑스러운 둘째 아이가 태어났다. 하지만 그 기쁨 뒤에는 잊기 힘든 아픔이 있었다. 무장 폭동으로 인해 집과 상점들이 불타고 약탈당했던 지난날의 끔찍한 장면은 우리 모두에게 깊은 상처로 남았다. 가족의 안전을 더 이상 위험에 방치할 수 없다는 생각에, 나는 새로운 집을 찾기로 결심했다.

우리가 이사한 곳은 시내 중심부에 있는, 경비가 철저한 고층 건물이었다. 10층에 자리 잡은 우리 집 거실에서는 통유리창 너머로 아비장 석호(Lagoon)의 아름다운 전경이 한눈에 들어왔다. 특히 해질 녘이면 석양이 석호를 물들이며, 다리 위로 드리운 풍경은 마치 한 폭의 그림 같았다. 그 순간만큼은 무장 폭동의 두려움과 불안한 기억도 잠시 잊고, 평화로운 풍경 속에서 잠시나마 안정을 찾았다.

집에서 바로 본 석양의 아비장, 출처: 저자 직접 촬영 및 편집

　　쿠데타로 정권을 장악한 군사정부의 수반 구에이(Guei)는 권력을 공고히 하기 위해 다가오는 대통령 선거에서 승리하려 했다. 그러나 북부지역 이슬람교도들로부터 강력한 지지를 받는 알라산 왓다라(Alassane Ouattara) 후보가 그의 주요 경쟁자로 떠오르자, 구에이는 왓다라의 국적 문제를 제기하며 그의 출마를 저지했다. 왓다라의 부모 중 한 명이 외국인이라는 이유로 그의 국적을 문제 삼아 출마 자격을 박탈했다.

이 결정에 분노한 북부지역의 왓다라 지지자들은 강하게 반발하며 저항했다. 이로 인해 지역사회의 불안과 긴장이 점차 고조되며, 정치적 혼란이 시작되었다. 그럼에도 불구하고, 2000년 10월 22일 대통령 선거는 예정대로 진행되었다.

우리는 모두 이번 선거의 결과가 코트디부아르 정세에 어떤 영향을 미칠지 주목하고 있었다. 특히 아프리카에서는 대통령 선거 이후 폭력과 혼란이 자주 발생하곤 했기에, 대사관과 교민들은 이번 선거가 큰 사건 없이 무사히 지나가기를 간절히 바랐다.

결국 강력한 후보였던 알라산 왓다라가 출마하지 못하자, 구에이의 승리는 기정사실로 여겨졌다. 그러나 예상 밖으로 제3의 후보인 로랑 그바보(Laurent Gbagbo)가 더 많은 표를 얻자, 구에이는 선거 결과를 인정하지 않고 스스로 승리를 미리 선언했다. 불길한 예감이 현실이 되었다. 이에 분노한 수만 명의 시민들이 거리로 쏟아져 나와 "구에이는 하야하라!"를 외치며 대규모 항의 시위를 벌였다.

급기야 전국은 혼란에 빠졌고, 군부는 즉각 국가비상사태와 통행금지를 선포하며 무자비한 진압에 나섰다. 군인들은 시위대를 향해 실탄을 발포했고, 도시 전체가 불안과 공포에 휩싸였다. 시위가 전국으로 확산되면서 치안은 더욱 악화되었고, 거리의 소요는 점점 격화되었다.

보안군의 시위 진압 현장, 출처: AFP, 이미지 편집: 저자

　우리 가족은 보안이 강화된 아파트에서 비교적 안전하게 지냈지만, 도시 전역에서 들려오는 폭력과 혼란의 소식은 끊이지 않았다. 거리에는 사람들의 발길이 끊기고, 간헐적으로 들려오는 총성이 우리의 긴장을 더욱 고조시켰다. 이에 대사관은 즉각 비상대책회의를 열어 교민들의 안전을 최우선으로 한 대응책을 마련했다.

　대사관은 모든 교민에게 집에 머물라는 지침을 내리고, 만일의 사태에 대비해 다른 나라로 탈출하는 방안도 논의했다. 공항 인근에 주둔 중인 프랑스군의 협조로 군용기로 탈출하거나, 대서양에서 조업 중인 우리 어선을 이용해 인접국 가나로 탈출하는 방안도 검토되었다. 그러나 시위가 확산되고, 정부의 갑작스러운 통행금지 조치로 인해 상황은 더욱 복잡해졌다. 우리는 각자의 집에서 대사관의 지시에 따라 대기하며 상황에 대비했다.

나는 서둘러 집에 돌아와 창가로 발걸음을 옮겼다. 창가 넘어 다리 위에는 구에이의 집무실을 향해 행진하는 군중이 도로를 가득 메우고 있었다. 반대편에서는 보안군이 바리케이드를 치고 시위대를 저지하고 있었다. 갑자기 총성이 울려 퍼지더니, 맨 앞에 있던 시민들이 하나둘 쓰러지기 시작했다. 군중들은 흩어지려 했지만, 다리에 가득 찬 사람들로 인해 움직일 수 없었다.

총성이 계속되자, 공포에 질린 시위대는 순식간에 패닉 상태에 빠졌다. 사람들은 혼란 속에서 서로를 밀치다 다리 아래로 떨어졌고, 일부는 목숨을 지키기 위해 석호로 몸을 던졌다.

대통령궁 앞 다리 모습, 출처: Reuters, 이미지 편집: 저자

다리 위를 절망과 공포가 휩쓸었다. 10여 분이 지나자, 총소리는 잦아들었지만, 다리는 여전히 혼란의 도가니였다. 다리 아래에서는 작은 보트들이 물에 빠진 사람들을 구하려고 분주히 움직였다. 정말 믿기 어려운 광경이었다. 이런 끔찍한 장면을 직접 목격하게 될 줄은 상상조차 못 했다.

저녁 무렵, 같은 건물에 거주하는 교민들과 상사 주재원들이 한자리에 모였다. 오늘 내가 목격한 충격적인 광경을 교민들에게 전하자, 모두가 놀라움을 감추지 못했다.

잠시 후, LG 주재원이 떨리는 목소리로 말했다. "저도 퇴근길에 주유소에 들렀다가 무장 군인들에게 붙잡혀 현금을 모두 강탈당했습니다. 군인들이 갑자기 총을 들이대며 돈을 내놓으라고 하니, 정말 무서웠어요. 심장이 터질 듯이 떨렸습니다."

아비장에서 가발업을 크게 하는 교민이 말을 이었다. "시내 많은 가게가 혼란을 틈탄 강도와 폭도들에게 털렸다고 들었습니다. 특히 가전제품을 파는 가게들이 큰 피해를 입었다고 하더군요." 그는 이어서 "제가 여기서 신뢰를 쌓은 경찰청 고위 관계자가 있습니다. 그를 통해 정부 내부 상황을 바로 강 부영사님께 전달해 드리겠습니다"라고 제안했다.

나는 그의 말에 감사의 마음을 전한 뒤, "우리가 같은 아파트에 있으니, 사태가 진정될 때까지 함께 지내면서 피해 상황을 파악하고, 대사관에서 제공하는 안전 정보도 신속히 공유하겠습니다"라고 교민들을 안심시키려 말했다. 내 말에 모두가 고개를 끄덕이며 동의했다.

한편, 나는 비상시에 교민들을 인접한 가나로 안전하게 대피시키기 위해 선박 섭외를 미리 준비해 두었다. 아비장에서 오랫동안 선박 대리점을 운영해 온 교민에게 위급 상황 시 선박을 제공해 줄 것을 부탁해 둔 것이다.

"박 사장님, 선박 섭외는 잘 되어가고 있나요?" 나의 질문에 박 사장은 자신 있게 답했다. "걱정하지 마세요. 이미 인근에서 조업 중인 우리 국적 원양어선에 상황을 전달해 두었습니다. 대사관에서 요청만 하면 언제든지 입항할 준비가 되어 있다고 합니다."

선박을 통한 대피 가능성은 크지 않다고 생각했지만, 최악의 상황에 대비할 필요가 있다는 생각이 떠나지 않았다. 특히, 교민 사회가 동요하지 않도록 대사관이 교민들의 안전을 위해 최선을 다하고 있다는 점을 보여주는 것도 중요했다.

그날 밤, 긴장된 분위기 속에서도 우리는 강한 연대감을 나누며 서로 돕겠다는 의지를 다졌다. 덕분에 우리는 이 어려운 시기를 함께 이겨낼 수 있을 거라는 믿음이 생겼다. 그렇게 우리는 서로에게 의지하며 긴 하루를 마무리할 수 있었다.

25일 새벽, 여전히 통행금지 조치가 시행 중이었지만, 본부의 지시를 확인하기 위해 나는 잠시 대사관으로 출근해야 했다. 정무 서기관이 본부와 긴밀히 소통하고 있었으나, 중요한 사항은 공식 외교 문서로 확인해야 했다.

아직 어둠이 채 걷히지 않은 이른 새벽, 나는 신속히 주변을 살피며 차를 몰아 대사관으로 향했다. 거리는 텅 비어 있고, 시간이 멈춘 듯 적막만이 감돌았다. 평소 20분 정도 걸리는 길이었지만, 그날은 10분도 채 걸리지 않았다.

대사관에 도착해 수신된 문서를 확인한 후, 나는 지체 없이 대사와 정무 서기관에게 이를 전화로 전달했다. 임무를 마치고 급히 집으로 돌아오는 동안, 혹시라도 뒤에서 쫓아오는 위험이 없는지 계속해서 신경을 곤두세웠다. 집에 도착하니 1층 경비원들이 나를 반갑게 맞이하며, 어제 보안군이 발사한 유탄이 건물에 맞았다는 소식을 전했다. 그들은 건물 옆 벽면에 남은 유탄의 흔적을 보여주었다. 그 순간, 총알이 빗발치는 현장에 서 있다는 사실을 다시 한번 실감했다. 비록 대사관에 오가는 시간이 길지는 않았지만, 그 위험 속에서 임무를 무사히 마쳤다는 생각에 잠시 안도감을 느꼈다.

집에 들어와 보니 아파트에 모인 네 가정이 함께 아침 식사를 나누고 있었다. 밖은 여전히 혼란스러웠지만, 여러 가정이 함께 모여 있으니, 서로에게 위안과 용기를 얻을 수 있었다. 어젯밤 유탄이 아파트에 날아들었다는 소식을 들은 뒤, 모두가 자연스럽게 창가를 피하고, 거실을 낮은 자세로 오가는 습관이 생겼다.

바깥에서는 여전히 시위대가 시내 곳곳에 바리케이드를 세우고 타이어를 태우며 무장한 군인들과 격렬하게 대치하고 있었다. 보안군이 시위대에게 경고 없이 발포했다는 소식과 함께, 수많은 사람들이 쓰러졌다는 이야기가 곳곳에서 들려왔다.

세계 주요 언론들이 앞다투어 코트디부아르 사태를 특집으로 다루기 시작했다. 일부 외신은 어제 내가 목격한 다리 위의 참혹한 현장에서 50여 명이 사망했다고 보도했지만, 내가 직접 본 실상은 그보다 훨씬 더 처참했다. 더 많은 사람들이 희생되었고, 그날의 아비규환은 결코 수치로만 설명될 수 없는 비극적인 광경이었다.

나는 교민 사회에서 전해지는 피해 소식을 대사관 비상 연락 체계를 통해 실시간으로 공유했다. 비록 비상사태로 인해 대사관에서 직접 업무를 처리하기는 어려웠지만, 각자의 위치에서 소통하며 본부에 상황을 수시로 보고하고 있었다. 정무 서기관은 이곳 외교단과도 긴밀히 협력해 대응 방안을 논의하고 있었다. 시위대와 보안군 간의 충돌이 점점 격화되면서 도시는 곳곳에서 불길이 치솟고, 총성이 끊이지 않았다. 아비장은 완전히 대혼란 속으로 빠져들고 있었다. 우리는 이 사태가 하루빨리 진정되기를 간절히 바라며 또다시 긴 하루를 보냈다.

26일 아침이 밝았다. 군사정부의 수장이자 이번 사태의 장본인인 구에이가 25일 저녁, 민의의 격렬한 저항에 놀라 인근 국가로 탈출했다는 소식이 전해졌다. 곧이어 야당 대표인 로랑 그바보(Laurent Gbagbo)가 대통령 선거 결과에 따라 새로운 대통령으로 선출되었다고 선언했다.

구에이의 탈출로 상황은 새로운 국면에 접어들었다. 그바보가 집권하자 혼란은 잠시 가라앉았지만, 불안과 두려움은 여전히 남아 있었다. 그바보 대통령을 지지하는 남부의 기독교 세력과, 왓다라를 지지하는 북부의 이슬람 세력 간의 지역적, 종교적, 그리고 종족적 갈등이 더욱 표면화되었다.

2002년 2월, 나는 가족과 함께 서울로 복귀했다. 1998년부터 시작된 4년간의 코트디부아르 생활은 우리 가족에게 잊을 수 없는 경험을 안겨주었다. 다양한 문화와 사람들을 접하며 아프리카 대륙의 복잡한 현실을 직접 마주할 수 있었다. 동시에 불안한 정세 속에서도 우리 가족은 그곳에서 맺은 인연들과 일상을 함께하며 한층 더 성장할 수 있었다.

다행히 우리가 귀국한 후 대규모 내전이 발발했지만, 그 징후는 이미 우리가 머무는 동안 서서히 감지되고 있었다. 우리가 겪었던 혼란과 갈등은, 결국 코트디부아르를 뒤흔든 내전의 서막일 뿐이었다. 내전은 코트디부아르의 정치적 안정과 사회적 화합을 무너뜨리며 국가 전체를 다시 격랑 속으로 몰아넣었다. 한때 '아프리

카의 기적'이라 불리던 코트디부아르의 번영은 서서히 사라져갔
고, 그 자리에 남은 것은 깊어진 국민의 고통뿐이었다.

제2장

아프리카 째륙 서쪽 끝의 세네갈에 가다

세네갈

아름다움과 슬픈 역사가 공존하는 도시, 다카르에서의 새로운 여정이 시작되다

2011년 8월, 나는 코트디부아르와 가봉에 이어 세 번째 아프리카 여정을 시작했다. 이번 목적지는 아프리카 서쪽 끝자락에 자리한 세네갈의 수도, 다카르였다.

세네갈은 많은 아프리카 국가와 달리, 광물 자원이 상대적으로 풍부하지 않아 다른 역사적 길을 걸어왔다. 프랑스 식민지 시절에도 자원 수탈에서 비교적 자유로웠고, 그 덕에 자원 개발 대신, 농업, 어업, 그리고 서비스 산업에 경제 기반을 두고 사회 발전에 더 집중해 왔다. 이를 통해 세네갈은 서부 아프리카에서 정치적 안정성을 유지해 온 대표적인 국가 중 하나로 자리할 수 있었다.

공항을 나서자마자 바다가 삼면을 둘러싼 다카르의 숨결이 느껴졌다. 바람 속엔 바다 내음이 실려 왔고, 도시의 첫인상은 낯설면서도 묘하게 친숙했다. 대형 시내버스와 알록달록한 미니버스 자간자이(NDiaga NDiaye), 그리고 노란 택시들이 거리 곳곳을 물들

세네갈의 대중 교통수단인 자간자이, 출처: Wikipedia, 이미지 편집: 저자

였다. 과거와 현재, 그리고 미래가 이곳에서 자연스럽게 공존하는 듯했다.

공항 도로를 벗어나자, 우뚝 솟아 있는 거대한 조형물이 시야에 들어왔다. 마치 도시의 수호자처럼 언덕 위에 자리한 조형물은, 성인 남자가 아이를 안고 여인과 함께 하늘을 가리키는 모습이었다. 그것은 바로 '아프리카 르네상스 기념비'였다.

이 기념비는 세네갈 독립 50주년을 기념하기 위해 세워졌으며, 그 규모와 상징성 덕분에 세네갈 국민에게 깊은 자부심을 안겨주고 있었다. 흥미롭게도 이 기념비의 건설에는 북한의 만수대 해외

사업부가 참여했다. 이는 북한이 아프리카 여러 나라에서 대형 조형물 건설을 담당한 대표적인 사례 중 하나였다. 기념비의 강렬한 모습은 단순한 조형물이 아니라, 아프리카가 맞이한 새로운 시대와 독립을 상징하는 메시지를 담고 있었다.

아프리카 르네상스 기념비, 출처: Wikipedia, 이미지 편집: 저자

르네상스 기념비를 지나 대서양 연안을 따라 달리다 보니, 이탈리아 나폴리의 해안도로를 떠올리게 하는 코르니쉬 길이 눈앞에 펼쳐졌다. 차창 밖으로 보이는 다카르의 풍경은 순식간에 나를 사로잡았다. 끝없이 이어지는 해안선과 도로는 부드럽게 도시를 감싸안고 있었다. 곳곳에 자리한 대형 조형물들은 이곳이 다른 아프리카 도시들과는 다른 독특한 매력을 지닌 도시임을 느끼게 했다.

고레섬 전경, 출처: Wikimedia, 이미지 편집: 저자

하지만 이 아름다운 도시에도 깊은 상처가 새겨져 있었다. 바로 다카르 해안 가까이에 자리한 고레섬(Island of Gorée)이 그 상처를 증명하고 있었다. 15세기부터 19세기까지 이 작은 섬은 노예무역의 중심지였다. 인간이 인간을 사냥하고 착취하던 슬프고 어두운 역사의 흔적을 여전히 간직하고 있었다. 아름다운 풍경과 슬픈 과거가 교차하는 이 섬은, 그 자체로 강렬한 대비를 이루며 그 당시의 비극을 상기시켰다.

그날 밤, 창밖으로 보이는 다카르의 야경을 바라보며 나는 깊은 생각에 잠겼다. '이곳에서의 새로운 삶은 과연 어떤 모습일까? 어떤 사람들을 만나고, 무슨 경험을 하게 될까?' 머릿속을 떠도는 질문들이 계속해서 나를 사로잡았다. 하지만 그 생각들은 곧 결심으로 이어졌다. 어떤 어려움이 닥쳐도 피하지 않고 정면으로 맞서겠다고, 이 낯선 환경 속에서도 흔들리지 않고 앞으로 나아가리라 다짐했다.

기니에서 피랍된 우리 기업인을 구출하다
— 절박함과 희망의 기록 —

2011년 12월의 어느 날, 외교부 본부로부터 긴급한 연락을 받았다. 우리 기업인 한 명이 기니 출장 중 현지 범죄 조직에 피랍되었다는 충격적인 소식이었다. 그 순간, 온몸에 긴장감이 퍼지며 전율이 일었다. 피랍 사건이라니, 한 번도 경험해 보지 못한 상황이었다. 머릿속이 순식간에 복잡해졌지만, 이내 정신을 가다듬고 '즉시 기니로 출장을 가야겠구나'라는 생각이 들었다. 본부의 출장 승인은 나지 않았지만, 지체할 수 없었다.

나는 곧바로 다카르 주재 기니 영사에게 전화를 걸어 비자를 요청했다. 아프리카에서는 비자 발급이 지연되는 경우가 많아, 신속히 처리하는 것이 중요했다. 다행히 영사는 즉시 비자를 발급해 주겠다고 약속했다. 그날 오후, 나는 다음 날 가장 빠른 기니행 항공편을 예약하고 서둘러 출장을 준비했다.

예상대로 저녁 무렵, 본부로부터 긴급 지시가 내려왔다. 가능한 한 빨리 기니로 출발해 현지 정부와 협력하여 우리 국민의 행방을 추적하고, 외교적 노력을 기울이라는 내용이었다. 피랍된 국민의 안전이 최우선 과제였기에, 이는 곧 시간과의 싸움이 될 것임을 직감했다.

해외에서 피랍 사건이 발생할 경우, 우리 정부는 직접적인 수사 권한이 없어 개입에 한계가 있다. 그래서 현지 공권력의 지원을 확보하고, 그들의 신속한 구조 노력을 이끌어 내는 것이 나의 주요 임무였다. 그러나 기니 정부는 자국민이 아닌 외국인이 연루된 사건에 대해 소극적으로 대응할 가능성이 높았다. 따라서, 나는 더욱 강력하게 기니 정부를 설득하고, 그들의 협조를 유도하기 위해 모든 노력을 집중해야 했다.

다음 날 오전, 나는 기니에 도착했다. 공항에서는 현지에서 사업을 크게 운영하는 명예영사(Mr. Diabate)와 한국인 영사 협력원이 나를 기다리고 있었다. 국민의 생명이 위태로운 상황이었기에, 피랍 사건에 신속하게 대응하는 것은 무엇보다 중요했다. 이러한 이유로 우리는 지체 없이 기니 경찰청장과의 면담을 위해 경찰청으로 향했다.

청장실에 들어서자, 청장은 심각한 표정으로 나를 맞이했다. 나는 짧은 인사를 나눈 뒤 곧바로 본론으로 들어갔다.
"청장님, 우리 국민이 기니에서 범죄 단체에 피랍된 상황입니다. 지금으로서는 행방도 알 수 없고 시간이 지체될수록 위험이

하늘에서 바라본 코나크리 전경, 출처: Wikipedia, 이미지 편집: 저자

커질 수 있습니다. 신속한 대응과 체계적인 협력이 반드시 필요합니다." 내가 결연한 목소리로 말하자, 경찰청장은 굳은 표정으로 고개를 끄덕였다.

"잘 알겠습니다. 우리도 최선을 다하겠습니다. 다만, 기니 내 치안 상황과 인력 부족으로 인해 어려움이 있을 수 있다는 점을 감안해 주시기 바랍니다."

청장의 말에 나는 그의 입장을 이해하면서도, 더 강력한 대응을 촉구해야 했다.

"그 점 충분히 이해합니다, 청장님. 하지만 국민의 생명이 경각에 달린 만큼 기니 정부의 적극적인 협조가 절실합니다. 우리 정부도 모든 지원을 아끼지 않겠습니다."

내 말을 듣고 청장은 다시 고개를 끄덕이며, 수사전담팀을 구성하겠다고 약속했다. 이어 그는 옆에 있던 경찰 간부에게 현지화한 뭉치를 건네며 수사 준비를 지시했다. 그 장면을 본 나는 명예영사에게 슬쩍 물었다.

"저 돈은 무엇인가요?"

명예영사가 조용히 설명했다. "그 돈은 수사 경비 명목으로 전달된 것입니다. 기니 정부는 재정적으로 매우 열악해서, 특별 수사를 위해 별도의 경비를 지원받지 못하는 경우가 많습니다."

그의 말을 들으며, 나는 기니의 열악한 시스템에 놀라움을 금치 못했다. 하지만 국민의 생명이 걸린 일인 만큼, 현실을 받아들이고 그들이 수사에 필요한 자원을 마련한 것이 오히려 다행이라는 생각이 들었다.

기니 출장 첫날, 수사전담팀이 구성된 것 자체가 큰 성과였다. 수사팀은 경찰청 별관 2층의 허름한 사무실에 자리 잡았다. 팀장은 고위 경찰관이 맡았고, 세 명의 수사관이 배정되었다.

기니 출장 이튿날 아침, 나는 명예영사인 Mr. 디아바테와 함께 이른 시간부터 수사전담팀 사무실로 향했다. 우리가 도착했을 때는 아직 아무도 출근하지 않은 상태였다. 30여 분을 밖에서 기다리니, 수사팀장이 먼저 도착했고, 이후 팀원들도 하나둘씩 출근하기 시작했다. 그러나 그들은 우리를 의아한 눈빛으로 바라보며 별다른 인사도 없이 지나쳤다. 말없이 흘러가는 순간들이 낯설게 느껴졌다.

사무실은 낡고 황량한 분위기가 물씬 풍겼다. 팀장용 책상과 몇 개의 긴 탁자, 삐걱거리는 의자들이 놓여 있었지만, 그마저도 공간이 허전해 보일 정도로 초라했다. 벽은 오래된 페인트가 군데군데 벗겨져 있었고, 창문에는 뜨거운 햇살을 막으려는 듯 누렇게 변색된 커튼이 걸려 있었다. 천장에는 먼지가 두껍게 쌓인, 오래된 선풍기가 윙윙거렸지만, 사무실에 가득한 무더운 공기를 식혀 줄 기미는 보이지 않았다.

우리 정부를 대표해 왔음에도, 그들의 태도에는 약간의 냉담함이 묻어났다. 수사팀장이 자리에 앉자마자 나는 준비해 온 자료를 꺼내어 지금까지 파악한 내용을 차근차근 설명했다. 우리 국민이 처한 상황과 사건의 배경을 전달했지만, 그는 거의 아무 반응도 보이지 않았다. 그저 "우리가 알아서 처리하겠다"라는 말만 되풀이했다. 그의 태도는 매우 사무적이었고, 그러면서도 어딘가로 전화를 걸어 상황을 처리하는 듯 보였지만, 실질적인 진전은 없었다.

그들의 소극적인 태도에 나는 점점 초조해졌다. 과연 이곳에서 제대로 된 수사가 진행될 수 있을지 의구심이 들기 시작했다. 시간이 흐를수록 사건 해결은커녕 귀중한 시간이 허비되고 있다는 사실이 나를 더욱 압박했다.

상황을 반전시키기 위해, 나는 수사팀장에게 점심을 함께하자고 제안했다. 그들과의 거리를 좁히고 신뢰를 쌓기 위한 시도였다. 우리는 현지식 닭요리 식당에 자리를 잡고, 식사하며 자연스럽게 대화를 나누기 시작했다. 먼저 분위기를 부드럽게 하려고 내가 겪은 아프리카 생활과 가족 이야기를 꺼냈다. 첫째 딸이 코트디부아르 아비장에서 태어났다는 이야기를 하며, "우리 딸은 한국인이자 코트디부아르인입니다"라고 말하자, 팀원들의 표정이 한결 부드러워졌다.

그들은 내 이야기에 흥미를 느낀 듯, 각자의 가족 이야기와 일상에 대해 조금씩 털어놓기 시작했다. 짧은 점심시간이었지만, 우리는 훨씬 더 가까워졌고, 대화의 벽이 허물어지는 것을 느낄 수 있었다. 신뢰의 씨앗이 싹튼 순간이었다.

그날 오후, 영사협력원이 다급한 표정으로 나를 찾아왔다. 교민한 분으로부터 긴급한 전화를 받았다고 했다. 제보자는 우리 국민이 현지 브로커 없이 기니를 혼자 방문하기 어렵다는 점을 이야기하며, 수개월 전 한국 기업인이 자주 찾던 식당이 있었다고 알려주었다.

이 정보가 사건의 중요한 실마리가 될 수 있을 거라 기대하며 영사협력원과 함께 그 식당을 직접 가보기로 했다. 그곳에서 단서를 발견할 수 있다면, 납치 세력의 행적을 추적하는 데 큰 도움이 될 것으로 판단했다.

긴장과 기대가 뒤섞인 마음을 안고 제보된 한국 식당으로 향했다. 식당 안은 드문드문 놓인 테이블들이 한산하게 자리를 채우고, 희미한 바깥 소음만이 정적을 깼다. 긴장된 마음을 가라앉히며, 나는 피랍된 국민이 여권 신청 시 사용한 사진을 꺼내 조심스럽게 식당 주인에게 내밀었다.

"혹시 이 사진 속 사람이 이곳에 자주 왔었나요?"

식당 주인은 잠시 머뭇거리더니, "글쎄요, 잘 기억나지 않네요"라고 답했다. 나는 사진을 다시 한번 주인에게 내밀며 정중히 부탁했다.

"이 한국인이 현지인과 함께 자주 방문했다고 합니다. 우리 국민의 생명이 걸린 문제입니다. 조금이라도 기억나는 것이 있으면 정말 큰 도움이 될 것입니다."

나의 간곡함에, 주인은 사진을 다시 바라보며 기억을 더듬더니, 조심스럽게 말했다.

"그동안 많은 사람이 식당에 와서… 맞는 것 같기도 하고, 아닌 것 같기도 하네요. 죄송합니다."

우리는 이곳에서 더 이상의 단서를 찾을 수 없다고 판단하고, 다음 행선지로 실종된 국민이 마지막으로 머물렀던 게스트하우스로 향했다. 그의 마지막 행적을 추적하기 위해서였다.

중국 동포가 운영하는 게스트하우스에 도착하자마자, 현관을 지키고 있는 경비원에게 물었다.

"혹시 여기 머물던 한국인 기억하시나요? 그와 함께 온 현지인들도 있었을 텐데요."

경비원은 잠시 생각하더니, 조심스럽게 대답했다.

"예, 며칠 전 그분이 영어를 쓰는 현지인들과 함께 이곳에 왔어요. 코나크리 인근의 여러 구리와 고철 야적장을 둘러보겠다고 했던 기억이 납니다. 지방의 야적장도 방문할 계획이라고 했었고요. 그런데 그 후 현지인들과 함께 나간 뒤로는 다시 돌아오지 않았습니다."

경비원의 말은 예상보다 구체적이었다. 너무 세부적인 설명에 오히려 의심마저 들었다. '혹시 이 경비원도 사건에 연루된 것은 아닐까?'라는 생각이 스쳤다. 나는 조심스럽게 그의 반응을 살피며 다시 물었다.

"그의 행적에 대해 어떻게 그렇게 잘 알고 있나요? 그 사람이 불어를 사용했습니까?"

경비원은 약간 긴장한 듯 내 눈을 피하며 대답했다.

"아니요, 그분은 불어를 전혀 하지 못했습니다. 기니에서 불어를 못하면 의사소통이 어려운 게 사실이죠. 그런데 제가 영어를 조금 할 줄 알아서, 그분이 저에게 자주 이것저것 물어보곤 했습니다. 기니에 대해 궁금한 점도 많았고, 그래서 저와 자주 이야기를 나눴습니다. 아주 친절한 분이었어요."

나는 그의 대답을 들으며, 거짓을 말하는지 판단하려 애썼다. 그의 표정과 말투에서 특별히 의심스러운 점은 찾을 수 없었지만,

이런 상황에서는 모든 가능성을 열어 두어야 한다고 생각했다.

이후, 나는 게스트하우스 대표를 찾아가 실종된 국민의 마지막 행적에 관해 물었다. 대표는 예상치 못한 이야기를 들려주었다. "그분이 현지 초청인들과 구매 계약을 논의하고 있었습니다. 그런데 초청인들이 전체 대금의 20%를 선수금으로 요구했다더군요. 그분은 그 조건이 마음에 들지 않았는지, 계약을 하지 않기로 했던 것 같습니다. 그런데 얼마 후, 그 현지인들이 다시 찾아와 그분을 데리고 나갔는데, 그 후로는 돌아오지 않았습니다."

대표의 이야기는 사건의 실마리를 제공하는 듯했다. 아니, 결정적 단서가 될 수 있다는 강한 직감마저 들었다. 선수금 요구와 그 이후의 행동이 석연치 않았고, 이 모든 일이 단순한 거래 문제를 넘어 더 큰 배경이 있을 것 같은 느낌을 주었다. 이 정보가 사건 해결의 중요한 단서가 되길 기대하며, 실종된 국민이 머물렀던 숙소로 발걸음을 옮겼다.

방 한구석에는 노트북과 서류가 무심히 놓여 있었다. 단서가 될 만한 것이 있을까 싶어, 노트북과 서류들을 챙겼다.

그렇게 실종된 국민의 최근 행적을 어느 정도 파악한 후, 호텔로 돌아가기 전에 게스트하우스에 있는 작은 식당에서 늦은 저녁을 간단히 해결했다. 식당에는 몇몇 한국인 선박 수리 기술자들이 앉아 있었다. 무더운 날씨에 지친 영사협력원이 맥주 한 잔을 권했지만, 나는 조심스럽게 사양했다.

국민의 생명이 걸린 문제인 만큼, 작은 실수 하나라도 일이 잘못되면 문제가 될 수 있다는 생각 때문이었다. 그만큼 작은 행동 하나에도 온 신경이 곤두서 있었다.

식사를 마치고 호텔로 돌아오니, 긴 하루의 피로가 온몸을 무겁게 짓눌렀다. 하지만 머릿속은 여전히 수많은 생각들로 가득 차 있어 쉽게 잠들 수 없었다. 뒤척이다 보니, 어느새 창밖으로 희미한 새벽빛이 스며들기 시작했다.

아침이 되어 사무실로 가는 도중, 수사팀원들과 아침을 함께 하기 위해 현지인들이 즐겨 먹는 바게트를 듬뿍 샀다. 사무실에 가장 먼저 도착한 나는 바게트를 들고 팀원들을 기다렸다. 곧 팀원들이 하나둘씩 도착했는데, 오늘 아침의 분위기는 전날과는 확연히 달랐다. 이는 단순히 바게트 때문만은 아니었다. 그들이 나를 보며 건넨 환한 미소와 한마디 인사 덕분이었다.

한 팀원이 밝게 인사하며 말했다. "안녕하세요, 영사님! 빵을 다 가져오셨네요?" 그 말에 나도 미소 지으며 답했다. "네, 바게트입니다. 함께 나눠 먹으려고 좀 사 왔습니다." 우리는 자연스럽게 인사를 나눴고, 그들의 표정에서 마음이 조금씩 열리고 있음을 느꼈다.

바게트 파는 상인, 출처: AllAfrica.com, 이미지 편집: 저자

나는 오전 내내 게스트하우스에서 가져온 노트북을 분석하며 단서를 찾는 데 몰두했다. 다행히 노트북에는 범죄 조직과 주고받은 계약서 초안이 저장되어 있었다. 계약서에는 현지 은행 정보와 예금계좌 번호, 그리고 'Royal Family Mining'이라는 사업체 이름과 우편함 주소도 함께 기재되어 있었다.

명예영사는 "기니에서는 개인이나 회사가 우편함을 보유하려면 사진이 포함된 증빙서류를 관계기관에 제출해야 합니다"라며, 우편함 소유주를 확인하면 수사에 중요한 실마리를 발견할 수 있을 것이라고 설명했다. 명예영사의 말을 듣고 나는 곧바로 이 정보를 수사팀에 전달하며, 현지 은행에 계좌의 실존 여부와 우편함 소유주에 대한 확인을 요청했다. 이 단서들이 사건 해결에 큰 도움이 될 거라 기대했다.

오후가 되자 부산 경찰청에서 긴급한 전화가 걸려왔다. 우리 국민을 납치한 범죄 조직이 국내 투자자에게 몸값을 요구하며, 협박 이메일을 보냈다는 소식이었다. 하지만 협박은 여기서 그치지 않았다. 납치범들은 피해자의 가족에게도 전화를 걸어, 며칠 안에 백만 달러를 지정된 계좌로 송금하지 않으면 우리 국민을 살해하겠다고 위협했다. 가족이 몸값을 마련할 수 없다고 하자, 납치범들은 우리 국민이 고문당하는 소리를 생생하게 들려주며 심리적으로 압박했다.

　이 소식을 듣는 순간, 온몸이 얼어붙는 듯 정신이 번쩍 들었다. 우리 국민의 생명이 실제로 위협받고 있다는 사실에 등골이 서늘해졌다. 나는 곧바로 수사팀장을 불러 상황을 전달했다.

　"팀장님, 방금 부산 경찰청에서 긴급한 소식이 전해졌습니다. 납치범들이 우리 국민의 가족에게 몸값을 요구하며 협박을 가하고 있습니다. 상황이 매우 긴박합니다!"

　수사팀장은 내 말을 듣고는 "피해자가 기니에서 사용했던 전화번호를 확인했습니다. 특히 주목할 점은 그가 실종된 이후에도 이 번호에 '크레딧'이 충전되고, 다른 사람과 통화가 이루어진 기록이 남아 있습니다. 이 번호의 사용 내역이 중요한 단서가 될 것 같습니다"라며 그들이 이루어 낸 사건 해결의 진전을 설명했다.

　수사팀장의 말을 듣고 나는 급히 물었다. "기니의 범죄조사 기술로 휴대전화 발신지를 추적할 수 있습니까?" 이번에도 팀장은 차분히 답했다.

"현재 우리 기술로는 발신지의 정확한 위치를 확인하기는 어렵습니다. 하지만 행정 구역별로 대략적인 발신지를 파악하는 것은 가능합니다. 특히, 호텔 같은 대형 건물의 경우 발신지 정보에 건물 이름이 표시될 수 있습니다."

그 말을 듣고 나는 다시 한번 수사팀에 강하게 당부했다. "납치범들이 우리 국민의 생명을 위협하고 있는 만큼, 파악된 정보가 있으면 신속하게 공유해 주십시오. 우리 정부도 지원할 수 있는 부분이 있다면 적극적으로 돕겠습니다."

오후가 되자, 수사팀장이 새로운 정보를 들고 서둘러 나를 찾아왔다. 그는 숨을 고르고 말했다. "휴대전화 크레딧을 충전한 사람의 신원을 파악했습니다. 토니(Tony)라는 나이지리아인으로 보이며, 그는 코나크리 내 나이지리아인 집단 거주지역인 카킴보(Kakimbo)에서 작은 가게를 운영하고 있다고 합니다. 다만, 가게의 정확한 위치는 현장 조사를 통해 확인해야 할 것 같습니다."

수사팀장은 토니가 공범일 가능성이 크다고 판단해, 그의 통화 기록도 이미 확보했다고 했다. 이어서 그는 수사팀의 계획을 설명했다.

"토니의 주변 인물 중 한 명과 접촉하여 필요한 정보를 얻을 계획입니다. 수사관이 신분을 숨기고 그와 접촉을 시도할 겁니다. 이 만남이 성공하면 토니의 정확한 위치와 그가 연루된 범죄 조직에 대한 더 많은 정보를 얻을 수 있을 것 같습니다."

수사팀장의 말을 듣자, 긴장감이 온몸을 감싸며 심장이 빠르게 뛰기 시작했다. 토니의 주변 인물과의 접촉이 사건 해결의 열쇠가 될 수 있었기에, 모든 희망이 그에게 달려 있다는 생각이 들었다. 작은 실수 하나라도 치명적인 결과를 초래할 수 있는 상황에서, 수사팀의 계획이 무사히 성공하길 간절히 바랐다.

그즈음, 부산 경찰청으로부터 납치범들이 협박 이메일을 보낼 때 사용한 IP 주소를 전달받았다. 나는 이 정보를 급히 수사팀장에게 전하며 말했다.
"팀장님, 이 IP 주소를 추적해 주시겠습니까? 이를 통해 납치범의 위치를 파악할 수 있을 것입니다."

그러나 팀장은 잠시 어리둥절한 표정을 짓더니, 예상치 못한 질문을 던졌다. "IP 주소요? 그게 뭔가요?" 나는 순간 당황했지만, 내색하지 않고 침착하게 설명했다.
"IP 주소는 인터넷을 사용하는 장치의 고유한 주소입니다. 이를 추적하면 컴퓨터의 위치를 알아낼 수 있습니다."

한 국가의 수사기관 팀장이 'IP'의 뜻조차 모른다는 사실에 당혹감이 밀려왔다. 과학수사 기술이 아무리 뒤처져도, 이 정도의 기본 지식은 당연히 알고 있을 줄 알았다. 하지만 이내 이곳이 서부 아프리카에서 가장 가난한 나라 중 하나임을 상기하며, 현실의 열악함을 다시 한번 실감했다.

나는 곧바로 수사팀장에게 현지 통신회사(Cellcom) 직원을 불러줄 것을 요청했다. 팀장은 잠시 고민하더니, 알겠다며 통신회사 직원을 호출했다. 다행히 사무소가 가까워 직원이 빠르게 도착했다. 나는 그에게 IP 주소를 건네며 사용자 신원을 확인해 달라고 요청했다.

결과를 기다리는 동안, 수사팀이 오전에 내가 전달한 계좌 정보에 대한 조회 결과를 알려왔다. 해당 계좌가 실제로 존재하며, 소액의 금액이 예치되어 있다는 사실도 확인했다. 그러나 은행 관계자는 계좌주의 신원 확인을 거부했다. 물론, 예상했던 반응이었지만, 상황의 긴박성을 고려할 때 쉽게 받아들일 수 없는 일이었다.

나는 수사팀장에게 계좌주의 신원을 신속히 확인해 달라고 강하게 요청했다. 수사팀장은 내 요청을 받아들여 검사의 협조 공문을 통해 신원을 확인할 수 있을 것이라고 답했다.

늦은 오후, 마침내 통신회사에서 IP 사용자의 신원을 확인해 주었다. 토니 살로몬(Tony Salomon)이라는 인물이 카킴보(Kakimbo) 지역에서 사용한 것으로 드러났다. 토니가 납치 조직의 공범일 가능성이 한층 더 확실해지는 순간이었다.

그러나 반가운 소식도 잠시, 수사팀장은 아쉬운 표정으로 말했다. "오늘이 금요일이라 검사가 일찍 퇴근했습니다. 월요일 아침이 되어야만 수사권 허가를 받을 수 있을 것 같습니다." 상황이 절박한데도 중요한 단서를 확보하기 위해 이틀이나 더 기다려야 한다는 사실이 답답했다. 시간이 더 지체되면 우리 국민의 생명이 더욱 위태로워질 수 있다는 생각에, 나는 수사팀장과 긴급하게 대응 방안을 논의했다.

여러 방안을 논의한 끝에, 비공식적으로 은행 관계자에게 직접 접근하기로 했다. 명예영사는 자신이 은행 최고 책임자와 면담을 주선할 수 있다며, 곧바로 은행으로 가자고 제안했다. 그의 이야기는 현지에서 쌓아온 인맥을 고려할 때 충분히 신뢰할 만했다.

우리는 서둘러 은행으로 향했다. 명예영사는 자신의 영향력을 발휘해 곧바로 최고 책임자를 만나게 해주었다. 나는 최고 책임자 앞에서 진지하게 상황을 설명했다.

"우리 국민이 납치 단체에 의해 심각한 위협을 받고 있습니다. 국민의 생명이 촌각에 달린 만큼, 계좌주의 신원 정보를 제공해 주신다면 그의 안전을 지키는 데 큰 도움이 될 것입니다."

우리의 간절한 요청에 처음에는 협조를 주저하던 은행 관계자도 점차 상황의 심각성을 이해하며 태도가 누그러졌다. 결국, 그는 일부 정보를 제공하기로 했다.

저녁 7시가 조금 넘었을 때, 은행 측에서 드디어 계좌주의 신원을 확인해 주었다. 그의 이름은 우아구 빅터(Ouagou Victor)로, 계좌를 개설할 때 사용했던 사진도 함께 제공되었다. 더불어, 이 계좌가 카킴보 지점에서 개설되었다는 사실도 밝혀졌다. 이로써 빅터와 토니가 카킴보 지역과 깊이 연관되어 있다는 점이 명확해졌다.

이제 카킴보 지역이 사건 해결의 열쇠가 될 것이라는 확신이 들었다. 빅터 역시 토니와 함께 범행에 가담했을 가능성이 컸고, 우리 국민이 카킴보 지역, 특히 나이지리아인 밀집 지역 어딘가에 감금되었을 가능성이 매우 높아 보였다.

우리는 긴장 속에 카킴보 작전을 철저히 준비했다. 수사팀은 빅터와 토니의 행적을 추적하기 위해 인력을 배치하고, 지역 내 주요 거점을 중심으로 탐색을 시작했다. 나는 수사팀장에게 "우리 국민의 안전이 위태로울 수 있으니, 이번 작전은 신속하면서도 신중하게 진행해야 합니다. 돌발 상황에 대비한 철저한 준비도 필요합니다"라고 당부했다.

수사가 점차 탄력을 받으며, 호텔로 돌아가기 전 다시 경찰청장을 찾았다. 청장은 늦은 시간에도 자리를 지키며 나를 맞이했다.

"수사팀장으로부터 수사에 상당한 진전이 있었다는 보고를 받았습니다. 범인들을 신속히 검거할 수 있도록 최선을 다하라고 지시해 두었습니다." 청장은 지금까지의 성과에 고무된 듯 자신감에 찬 목소리로 말했다.

청장의 말에 나는 "감사합니다, 청장님. 기니 경찰의 노력 덕분에 수사 범위가 좁혀졌습니다. 하지만 우리 국민의 생사와 행방이 여전히 불확실해 마음이 무겁습니다. 우리 정부는 우리 국민이 하루빨리 무사히 귀국하기를 간절히 바랍니다"라고 답했다.

청장은 내 말을 듣고 고개를 끄덕이더니, 이내 자신의 관심사로 화제를 돌렸다. "영사님, 한국 정부가 기니 정부에 소나타 차량 10대를 무상으로 지원한 것으로 알고 있습니다. 우리 경찰청에도 이러한 혜택이 돌아가도록 도와주시면 좋겠습니다."

한 사람의 생명을 구하는 임무를 수행 중에, 경찰 수장이 보상을 먼저 요구하는 태도에 씁쓸한 기분이 들었다. 하지만 나는 그 요청을 완전히 무시할 수는 없었다. "알겠습니다, 청장님. 이번 일이 성공적으로 마무리되면, 기니 경찰청의 협력에 감사를 표하며, 우리 정부에 차량 지원 요청을 하겠습니다."

청장은 내 말에 흡족한 표정을 지었다. 나는 우리 국민의 안전을 지키기 위해 그의 요청을 진지하게 받아들였다. 긴박한 상황 속에서도 외교적 부탁이 오가는 현실이 아이러니하게 느껴졌지만, 국민의 안전을 위해 모든 수단을 동원해야 한다고 생각했다.

청장실을 나서며, 다시 한번 기니 정부의 지속적인 수사 협조를 요청했다. 청장은 기니 경찰청의 전폭적인 지원을 약속하며 최선을 다하겠다고 답했다. 그의 말을 들으며, 수사가 점차 진전되고 있다는 확신이 들었다. 상황은 여전히 긴박했지만, 기니 경찰과의 긴밀한 협력 덕분에 희망의 빛이 보이기 시작했다. 남은 과제는 우리 국민을 무사히 구출하는 것이었다.

다음 날인 토요일, 긴박한 상황 속에서 수사팀은 업무를 계속 이어갔다. 수사팀은 기니에 거주하는 나이지리아인 범죄자들이 주로 가명을 사용해 활동하고 있어, 용의자들의 신원을 특정하는 데 어려움을 겪고 있다고 전했다.

이에 따라 카킴보에 수사관을 보내, 토니와 여러 차례 통화한 기록이 있는 번호의 사용자를 대상으로 탐문 수사를 진행할 계획이라고 했다.

나와 명예영사는 전날 확보한 두 용의자의 사진을 급히 확대 인화해, 이를 현장 수사관들에게 배포했다. 수사관들은 우리의 빠른 대응에 고무된 듯 신속하게 움직였다.

오후가 되자, 나는 초조한 마음을 억누르며 팀장에게 다가가 물었다.
"팀장님, 오늘 토니의 주변 인물과의 접촉 계획은 어떻게 되고 있습니까? 이 만남이 중요한 단서를 제공할 것이라 기대하고 있습니다."

팀장은 천천히 고개를 저으며 답했다. "오늘은 여건이 맞지 않아 접촉이 어려울 것 같습니다. 하지만 내일은 꼭 만남이 이루어질 것으로 예상됩니다." 그의 목소리에는 내일이 결정적인 날이 될 것이라는 확신이 담겨 있었다. 실망과 긴장이 교차하는 순간이었다. 나는 차분하게 물었다. "그러면 우편함 소유주의 등록 서류는 확인되었나요?"

팀장은 태연하게 답했다. "그건 월요일에 확인해 준다고 합니다." 마치 이런 지연이 일상적인 일인 것처럼 들렸다. 그의 말을 듣고, 기니의 열악한 수사 환경을 최대한 이해하려 애썼지만, 조바심이 밀려오는 것을 억누르기 힘들었다.

수사팀장은 내가 느끼는 압박감을 눈치챘는지, 조심스럽게 말을 이었다. "영사님, 나이지리아 범죄 단체를 잘 아는 경찰이 한 명 있습니다. 그를 만나보시겠습니까?"

무엇이든 해야 한다는 생각에 나는 망설임 없이 답했다. "좋습니다. 지금 당장 만나겠습니다." 팀장은 곧바로 어디론가 전화를 걸었고, 그 경찰이 조만간 사무실로 올 것이라고 전했다.

잠시 후, 허름한 사복을 입은 한 경찰관이 사무실로 들어왔다. 간단히 인사를 나눈 뒤, 나는 토니와 빅터의 사진을 보여주며 물었다. "이 두 사람을 알고 있습니까?" 그는 한참 동안 사진을 들여다보다가 빅터의 사진을 집어 들었다. "이 사람을 잘 압니다."

순간, '드디어 실마리를 찾았다!'라는 생각이 스치며, 우리 국민에게 점점 더 다가가고 있다는 느낌이 들었다. 하지만 그 희망도 잠깐이었다. 그는 빅터와의 만남을 주선하는 대가로 만 달러를 요구했다. 경찰로서 당연히 협조해야 할 일에 돈을 요구하다니, 그것도 기니 경찰에게는 엄청난 거액을⋯ 예상치 못한 상황에 나는 할 말을 잃었다.

그때, 명예영사가 조용히 나를 불렀다.

"영사님, 저 경찰은 범죄 조직과 연루된 비리 경찰로 알려진 인물입니다. 하지만 지금은 저런 사람의 도움도 필요할 것 같습니다."

어떻게 해야 할지 혼란스러웠다. 비리 경찰에게 의지해야 한다는 사실이 불쾌했다. 게다가 그를 체포하기는커녕 우리와 연결해 주는 다른 경찰들까지도 이해할 수 없었다. 하지만 우리 국민을 구하기 위해서는 어떤 수단이라도 써야 한다는 현실이 눈앞에 놓여 있었다. 갈등이 휘몰아치는 가운데 나는 답했다.

"도움이 필요하긴 하지만, 지금 당장 돈을 줄 수는 없습니다. 우리 정부에서도 그런 비용을 지원할 수는 없을 겁니다."

나의 단호한 말에, 명예영사도 확고한 표정으로 말했다.

"걱정하지 마세요. 제가 알아서 처리하겠습니다."

그 말에 나는 잠시 고민한 후 결심을 굳혔다.

"Mr. 디아바테, 비리 경찰이 요구한 금액을 전액 줄 수는 없습니다. 최소한으로 협상해 보죠. 그리고 그 비용도 우리 정부에서 부담할 수 있도록 노력해 보겠습니다."

우리는 쉽지 않은 상황에서도 최선의 방법을 찾기 위해 다시 그 경찰과 대화를 시작했다. 나는 침착하지만 단호하게 말했다.

"지금 당장 돈을 드릴 수는 없습니다. 먼저 빅터와의 만남을 주선해 주세요. 필요한 정보를 얻으면 그때 적절하게 보상하겠습니다."

그는 잠시 망설이는 듯 보였지만, 마침내 고개를 끄덕였다.

"알겠습니다. 일요일에 만남을 주선하겠습니다."

수사팀장도 곧바로 동의하며 덧붙였다.

"그렇게 하죠. 우리도 최대한 협력하겠습니다."

상황은 여전히 복잡하고 불편했지만, 우리는 끝내 협상을 통해 빅터와의 만남을 성사시켰다. 우리 국민의 안전을 최우선으로 하며, 비리 경찰과의 불가피한 협력을 결정했지만, 목표를 달성하기 위한 협력을 이끌어내는 것이 무엇보다 중요했다.

드디어 일요일이 되었다. 긴장과 기대가 뒤섞인 아침, 수사팀장과 나는 사무실에서 간단히 빵과 음료를 함께 하면서 이야기를 나누었다.

"어제 현장 조사는 어떻게 진행되었습니까?" 나의 질문에, 수사팀장은 자신감 있게 답했다.

"어제 우리 수사관들이 여러 경로로 탐문 수사를 진행했습니다. 특히, 토니의 친구들이 최근 무언가를 계획하며 자주 모였다는 사실을 알아냈습니다. 오늘은 우리 수사관 중 한 명이 신분을 숨기고 투자자로 위장해 토니의 지인과 접촉할 예정입니다. 이 만남을 통해 더 많은 정보를 얻을 수 있을 것으로 기대하고 있습니다."

그의 설명에 잠시 안도했지만, 상황의 긴박함은 여전히 나를 옥죄었다. 수사팀장은 내 표정을 읽은 듯 덧붙였다.

"강 영사님, 이번 사건의 중요성을 잘 알고 있어, 주말임에도 우리가 최선을 다하고 있음을 알아주셨으면 합니다. 저도 기니에서 발생한 여러 인질 사건을 다뤄봤습니다. 대부분 금전적인 동기가 있는 경우가 많아, 인질이 살해되는 일은 드뭅니다. 이번 사건도 범인들이 계속해서 피랍자의 가족이나 투자자에게 돈을 요구하는 것으로 보아, 금전적 이득을 목적으로 한 것으로 판단됩니다. 그래서 인질을 해치지 않을 가능성이 큽니다."

그의 경험에 기반한 설명은 설득력이 있어 보였다. 하지만 나는 그의 말을 전적으로 받아들이기 어려웠다. 그것은 다름 아닌 여기가 기니이기 때문이었다. 부정부패가 만연한 데다, 과학수사 개념조차 희미하고 공권력이 제대로 작동하지 않는 이곳에서는 모든 것이 불확실했고, 예측할 수 없는 일이 언제든 벌어질 수 있었다. 나는 수사팀이 필요로 하는 사항들을 꼼꼼히 챙기며, 부산 경찰청의 지원을 통해 수사를 도왔다.

나와 명예영사는 빅터와 토니의 추가 정보를 확보하기 위해 소셜미디어를 샅샅이 뒤지고, 특히 토니가 페이스북에 올린 사진을 인화해 수사팀에 전달했다.

수사팀장은 사진들을 받아 들고는 팀원들에게 즉시 배포하며 고마움을 나타냈다. "이 사진들 덕분에 수사에 큰 진전이 있을 겁니다." 수사팀장은 희망 가득한 얼굴로 말했다.

오후가 되자 갑작스러운 정전이 발생해 사무실의 전기가 모두 끊겼다. 유일하게 돌아가던 선풍기마저 멈추자, 사무실은 견디기 힘들 정도로 더워졌다. 나는 무더위에 지쳐 푸념했다.
"여기선 더는 못 버티겠군요."
내 말에 수사팀장은 미소를 지으며 말했다.
"옥상으로 올라가 봅시다. 바람이라도 좀 쐴 수 있을 겁니다."
우리는 곧바로 사무실을 나와 옥상으로 향했다.

옥상에는 간이 천막이 설치되어 있었고, 그 아래로 시원하지는 않았지만, 땀에 젖은 몸을 조금은 식혀줄 정도의 바람이 불어왔다. 그렇게 잠시나마 휴식을 가질 수 있었다.

짧은 휴식을 마친 후 다시 사무실로 돌아오자, 오후 늦게 긴급한 연락이 왔다.
"드디어 빅터를 체포했습니다. 지금 경찰청 내 구치소로 이송 중입니다!" 수사팀원이 긴박하게 보고했다.
나는 팀장에게 "그의 체포 사실이 외부에 절대 유출되지 않도록 주의해 주세요. 다른 공범들이 눈치채면 안 됩니다"라고 당부했다. 체포 소식이 알려지면 다른 공범들이 우리 국민을 위협하거나 도망칠 가능성이 있었기 때문이었다.

수사팀은 빅터의 신병을 최대한 비밀리에 경찰청 내 구치소로 이송했다. 빅터가 경찰청에 도착하자마자 수사팀장은 즉시 심문을 시작했다. 그는 심리전을 펼쳐 빅터가 입을 열도록 압박했다.

처음에는 완강하게 버티던 빅터도, 시간이 지나면서 점차 표정이 굳어갔다. 늦은 밤이 되자, 그는 결국 더 이상의 긴장과 불안을 견디지 못하고 자신이 이번 납치에 연루되었음을 시인했다. 하지만 다른 공범들의 은신처에 대해서는 끝까지 입을 열지 않았다.

다음 날 아침, 나는 명예영사와 함께 평소보다 일찍 사무실로 출근했다. 이미 수사팀장과 팀원들이 자리에 앉아 있었고, 특히 빅터와의 만남을 주선했던 경찰관도 그곳에 있었다.

수사팀장이 차분하게 설명했다. "빅터를 이용해 다른 공범들에게 접근할 계획입니다. 그들을 설득해 피해자를 무사히 풀어주도록 하겠습니다."

그의 계획을 들으며, 나는 작전의 성공을 위해 나이지리아 당국과의 협력이 도움이 될 것으로 생각했다. 빅터와 그의 공범들이 모두 나이지리아 출신인 만큼, 나이지리아 당국의 협조가 사건 해결을 더 빠르고 효과적으로 이끌 수 있다는 판단이었다.

명예영사와 함께 즉시 코나크리에 있는 나이지리아 대사관을 방문했다. 명예영사가 나이지리아 대사와 개인적인 친분이 있어 쉽게 만남을 성사시킬 수 있었다.

"대사님, 기니 내에서 나이지리아인으로 추정되는 범죄 단체가 우리 국민을 납치했습니다. 우리는 그들의 행방을 추적하기 위해 모든 수단을 동원하고 있습니다. 이 과정에서 나이지리아 커뮤니티의 협조가 절실합니다." 나는 상황의 긴박함을 설명하며 도움을 요청했다.

나이지리아 대사는 우리의 설명을 진지하게 듣고, 상황의 심각성을 이해한 듯 고개를 끄덕였다. "이런 일이 발생하다니 매우 유감입니다. 우리도 최대한 협력하겠습니다." 대사는 굳은 표정으로 답했다.

나이지리아 대사의 협조를 얻고, 커뮤니티의 지원까지 더해지면 수사가 더욱 빠르고 진행될 것이라는 확신이 들었다.

사무실로 돌아온 후, 나는 범죄 조직과 연관이 있는 경찰관에게 다가가 단호한 어조로 말했다. "이제는 대한민국 정부뿐만 아니라 나이지리아 대사관에서도 이 사건을 주시하고 있습니다. 빠르게 협조하지 않으면 더 큰 문제가 될 것입니다." 그의 협력을 통해 다른 공범들에게도 우리 국민을 풀어주도록 압박하려는 의도였다.

수사팀은 카킴보 지역에서 빅터와 토니 주변 인물들의 최근 활동을 면밀히 조사하며 수사망을 좁혀 나갔다. 모든 것이 빠르게 진행되고 있었지만, 긴장을 늦출 수 없었다.

그러던 중, 예상치 못한 충격적인 소식이 전해졌다. 북한에서 김정일이 사망했다는 뉴스였다. 정부는 이로 인해 공무원 출장을 전면 중단하고, 비상근무 체제로 전환했다. 공관에서는 가능한 한 빨리 복귀하라는 긴급 지시가 내려졌다. 상황이 급박하게 돌아가는 가운데, 나는 급히 세네갈에 있는 우리 대사관에 연락했다.

"현재 우리 국민의 생사가 아직 불투명하지만, 조만간 납치범들을 검거할 수 있을 것 같습니다. 우리 국민의 안전이 걸린 문제인 만큼, 사건을 최대한 빨리 마무리하고 복귀하겠습니다." 나는 대사에게 긴급히 상황을 보고했다. 대사는 나의 말을 진지하게 듣고 깊이 공감하며 지시했다.

"강 영사, 지금 상황이 얼마나 급박한지 충분히 이해합니다. 국민의 안전이 최우선이니, 사건을 가능한 한 신속하게 마무리하고 복귀해 주세요."

북한 상황의 급변으로 해외 공관이 모두 비상근무에 들어가면서, 나는 사건을 서둘러 마무리해야 한다는 압박감에 사로잡혔다.

이후, 나는 수사팀장과 다시 협의하여 빅터와 토니를 통해 얻은 모든 정보를 최대한 활용하기로 했다. 수사팀은 잠복근무와 심문을 강화하며 은신처를 추적하기 위해 압박을 가했다.

"영사님, 빅터가 드디어 입을 열었습니다. 납치범들의 은신처를 알아냈습니다." 수사팀장이 급히 전해왔다. 순간, 우리 국민을 구출할 수 있다는 생각에 기대와 긴장감이 동시에 밀려들었다. 이 과정에서 범죄 조직의 실체가 점차 밝혀졌다. 총 7명이 이번 납치에 가담했으며, 우리 국민은 카킴보 지역의 한 은신처에 감금되어 있다는 결정적 단서를 확보했다.

이에 현장에서 탐문 수사를 벌이던 수사팀은 은신처를 급습했다. 하지만 그곳에서 우리 국민을 발견하지 못했다. 일부 잔당들이 우리 국민을 데리고 이미 다른 곳으로 잠적한 이후였다. 그래도 그 과정에서 토니를 포함한 두 명의 공범자를 추가로 체포하는 성과를 거뒀다. 체포된 이들은 조직적으로 역할을 분담해 납치 활동을 벌였다고 자백했다.

하지만 여전히 마음을 놓을 수 없었다. 세 명의 공범이 체포되었으나, 남은 공범들이 어떤 대응을 할지 예측하기 어려웠기 때문이다.

수사팀은 체포된 이들을 설득해 나머지 공범들에게 압박을 가하며, 우리 국민이 무사히 석방되면 선처를 받을 수 있다고 유도했다. 나이지리아 범죄 조직과 연결된 비리 경찰 역시 자신에게 주어진 역할을 다하며, 다양한 경로로 공범들과 접촉을 시도했다.

모두가 지쳐갔지만, 지금은 한순간의 방심도 허용되지 않는 긴박한 상황이었다.

다음 날 새벽, 전화벨이 갑작스럽게 울렸다. 수화기 너머에서 들려오는 수사팀장의 다급한 목소리에 가슴이 철렁했다.

"공항 인근 도로에서 피해자가 복면을 쓴 채 발견됐습니다!"

순간, 머릿속이 하얘지고 심장은 쿵쿵 뛰기 시작했다. 간신히 목소리를 가다듬고 물었다.

"정확히 어디에서 발견됐나요?"

수사팀장은 긴장된 목소리로 다시 답했다.

"공항 근처 도로입니다."

얼마나 시간이 흘렀는지 모른 채 초조하게 기다리던 중, 마침내 우리 국민이 무사히 확보되었다는 소식이 들려왔다. 나는 그의 상태를 서둘러 물었다.

"지금 상태는 어떻습니까? 많이 다쳤나요?"

수사팀장은 조심스럽게 답했다.

"장시간 억류된 데다 고문을 당해 상태가 많이 쇠약해졌지만, 다행히 생명에는 큰 지장이 없는 것 같습니다."

그제야 긴장했던 숨을 내쉬며 안도의 순간을 맞았지만, 여전히 마음 한구석에 불안이 완전히 풀리지는 않았다. 끈질긴 노력 끝에 우리 국민을 구한 것이 감사하면서도, 그가 겪었을 고통에 마음이 무거웠다.

나는 즉시 그와 통화해 안부를 물었다.

"그동안 정말 많이 힘드셨죠? 이제는 안전합니다."

"정말 감사드립니다. 이렇게 살아서 나올 수 있을 거라곤 생각하지도 못했습니다. 너무나 감사드립니다." 그의 힘겨운 목소리에는 깊은 고통과 피로가 묻어 있었다.

나는 그를 안심시키고자 다시 말했다.

"많이 힘드셨을 텐데, 얼마나 고통스러웠을지 가슴이 아픕니다."

내 말이 끝나자, 그는 그간 억눌린 감정을 터뜨리듯 울먹이며 말했다.

"억류되는 동안 아무 소식도 들을 수 없었습니다. 매일 돈을 보내지 않으면 죽이겠다고 협박받아서, 정말 죽을 줄만 알았습니다. 너무 걱정을 끼쳐 죄송합니다."

나는 그의 무사함에 안도하며,

"아닙니다. 오히려 잘 견뎌주셔서 감사할 따름입니다. 아침 일찍 명예영사를 병원으로 보내드릴 테니 충분히 몸을 추스르시고, 필요한 것이 있으면 언제든지 말씀해 주세요"라며 다시금 그를 안심시켰다.

우리 국민의 생명을 지켰다는 사실 하나만으로, 지난 고단했던 모든 시간이 보상받는 듯했다.

그의 목소리를 듣고 나서야 비로소 나의 역할이 마무리되었음을 실감했다. 곧바로 세네갈로 복귀할 항공편을 알아보았다. 시간이 허락했다면 직접 만나 위로하고 싶었지만, 김정일 사망으로 비상 대응 체제가 발동된 상황에서, 나는 첫 비행기로 복귀해야 했다.

아침이 밝자마자, 나는 명예영사를 만나 세네갈로 긴급히 복귀해야 한다고 설명하며 추가적인 조치를 부탁했다.

"지금 바로 병원으로 이동해 주세요. 우리 국민이 도착하는 즉시 건강 검사와 치료가 이루어질 수 있도록 모든 준비를 부탁드립니다."

명예영사는 고개를 끄덕이며 말했다.

"걱정하지 마세요. 제가 모든 것을 잘 처리하겠습니다. 돌아가서도 이곳 상황을 계속 알려드리겠습니다."

공항으로 떠나기 전, 나는 수사팀장을 마지막으로 만나 당부했다.

"남은 납치범들도 반드시 체포해 주십시오."

나의 간절한 요청에 수사팀장은 차분한 목소리로 다짐했다.

"그렇게 하겠습니다. 우리 국민을 감금하던 범인들이 동료들의 체포로 수사망이 좁혀오는 것을 느끼고, 공항 근처에 우리 국민을 두고 도망친 것으로 보입니다. 나머지 공범들도 곧 잡을 수 있을 것입니다."

잠시 후 공항에 가려고 자리에서 일어나려는 순간, 수사팀장이 환한 미소를 지으며 진심 어린 말을 건넸다.

"강 영사님, 그동안 보여주신 열정과 헌신에 깊이 감명받았습니다. 강 영사님 같은 외교관이 있다는 사실에 대한민국을 다시 생각하게 되었습니다."

나는 그의 솔직한 말에 감동하지 않을 수 없었다.

"모든 노력이 열매를 맺어서 다행입니다. 이번 성과는 수사팀의 협력이 없었다면 불가능했을 겁니다. 우리 국민의 석방으로 모두의 노력이 헛되지 않았음을 확인하며 큰 위안을 얻었습니다."

수사팀장은 고개를 끄덕이며 미소 지었다.

"강 영사님, 무사히 돌아가십시오. 우리는 여기서 끝까지 최선을 다하겠습니다."

공항으로 향하는 길, 체포되지 않은 공범들이 아직 남아 있음에도, 그동안의 노력과 협력의 결실로 우리 국민을 구출할 수 있어 마음이 한결 가벼워졌다.

한편, 세네갈로 복귀한 지 얼마 지나지 않아 나머지 잔당 네 명 모두 검거되었다는 반가운 소식이 전해지며, 이번 사건이 최종적으로 마무리되었다.

체포된 납치 조직원들, 출처: 기니 경찰청

　이번 피랍 사건을 통해 나는 많은 것을 배우고 깨달았다. 본부
에서도 피랍 사건은 드물기에, 적극적인 지원을 기대하기 어려웠
다. 결국, 모든 책임은 현장에서 상황을 직접 마주하는 영사에게
돌아왔다. 매 순간 신속한 판단이 요구되었고, 고민이 길어질수록
국민의 생명은 더 큰 위험에 빠질 수밖에 없었다. 이번 사건을 통
해 현장에서 신속한 판단과 대응의 중요성을 다시 한번 절실히 깨
달았다.

　영사로서 이번 사건을 통해 정부 차원의 외교적 노력만으로는
모든 문제를 해결하는 데 한계가 있음을 절실히 깨달았다. 피랍
현장은 예측할 수 없는 변수들로 가득했고, 나의 경험 역시 부족

하여 이를 즉각적으로 대응하는 데 어려움이 있었다. 특히, 기니처럼 정세가 불안하고 경제적으로 어려운 나라에서는 많은 일이 돈과 직결되었지만, 본부에 그러한 지원을 기대하기 어려운 현실이었다.

사건이 마무리된 후, 나는 기니 명예영사의 헌신을 인정하며, 그를 한국으로 초청해 줄 것을 본부에 요청했다. 그의 적극적인 지원과 현지 인맥은 사건 해결에 결정적인 역할을 했다. 무엇보다 예상치 못한 상황에서 신속한 사건 해결을 위해 지출된 비용이 있었다. 이러한 비용을 정부가 전부 보상하기 어려운 현실을 고려할 때, 정부 차원의 적절한 처우가 필요하다고 판단했다.

다행히 본부에서도 기니 명예영사의 초청을 받아들여, 2012년 가을 공식적으로 한국을 방문했다. 명예영사는 한국 방문 기간 동안 다양한 공식 행사와 만찬에 초대받으며, 우리 정부로부터 깊은 감사와 존경을 받았다. 그의 헌신이 공식적으로 인정받는 모습을 보았을 때, 비로소 나는 마음의 부담을 덜고 안도할 수 있었다.

세네갈의 갈치, 그리고 급박한 재판의 날

2012년을 맞이하면서, 나는 세네갈에서의 업무와 생활이 점차 안정되어 가고 있었다. 세네갈은 서아프리카의 황금어장과 가까워 갈치, 조기, 전복, 문어, 오징어 등 한국인이 좋아하는 다양한 해산물이 풍부한 나라였다. 특히, 세네갈 갈치는 한국에서도 인기가 높아, 많은 교민이 현지에서 갈치를 저렴하게 수매해 냉동공장에 보관한 후, 정기적으로 한국으로 수출하고 있었다.

일부 교민은 연간 40피트짜리 컨테이너 100개 이상을 한국과 중국 등으로 수출하며 생계와 부를 함께 누리고 있었다. 이처럼 세네갈의 풍부한 해산물 덕분에, 많은 한국 교민이 이 지역에서 안정적인 경제 기반을 마련할 수 있었다. 이렇듯 해산물 수출은 교민들에게 중요한 생계 수단이자 세네갈과 한국을 잇는 주요 산업으로 자리 잡고 있었다.

다카르의 야외 수산시장, 출처: The Guardian, 이미지 편집: 저자

어느 날 퇴근을 앞두고 서류를 정리하던 중, 다카르에서 갈치를 수매해 수출하는 한 교민의 부인이 다급한 표정으로 대사관을 찾아왔다. 그녀의 눈빛은 절박함으로 가득했다.

"영사님, 저희 남편이 지금 구치소에 있는데, 내일 아침에 재판이 열린다고 합니다. 어떻게 도와주실 수 있나요?" 그녀의 목소리에서 간절함이 느껴졌다.

"무슨 일로 구치소에 있습니까? 그런데 재판이 이미 내일로 잡혔다고요?" 나는 놀라움을 감추지 못하며 물었다.

"남편이 지방에서 갈치 수매를 마치고 돌아오는 길에, 새벽이라 시야가 좋지 않은 상황에서 정차 중이던 자간자이 차량을 들이받았습니다. 그 사고로 차량 뒷문에서 승차비를 받던 안내원이 사망했습니다. 남편은 과실치사 혐의로 체포되어 한 달 정도 구치소에 수감된 상태입니다. 내일 재판이 열린다고 하는데, 걱정이 되어 이렇게 도움을 구하러 오게 됐습니다."

그녀의 설명을 듣고 나니 상황이 더욱 긴박하게 느껴졌다.
"알겠습니다. 좀 더 일찍 연락을 주셨으면 좋았을 텐데요. 그래도 재판 전이니 지금이라도 도울 방안을 찾아보겠습니다."

그녀의 깊은 불안과 간절함이 내게도 전달되었다. 시간이 촉박했음을 깨달은 나는 즉시 사건을 담당한 변호사와 접촉해 담당 검사의 연락처를 확보했다. 그리고 비서에게 "저녁 시간이라도 좋으니, 반드시 면담을 잡아주세요"라고 지시했다. 우리 국민의 삶과 생계가 걸린 중요한 재판이었기에, 지체할 수 없다고 판단했다.

잠시 뒤, 비서가 다급한 목소리로 알렸다.
"담당 검사가 이미 퇴근했다고 합니다."
예상치 못한 상황에 잠시 주저했지만, 나는 곧바로 비서에게 다시 지시했다.
"한국 대사관의 긴급 요청임을 분명히 전달하고, 내일 아침 법원에서 만나자는 메시지를 남겨 주세요."

재판은 아침 9시에 시작될 예정이었다. 담당 검사를 미리 만날 가능성은 작았지만, 대사관이 이 사건에 얼마나 깊은 관심을 가지고 있는지를 분명히 알리고자 함이었다. 사실, 대사관 영사는 우리 국민이 연루된 재판에 직접 개입할 권한이 제한적이다.

영사 조력은 우리 국민이 현지에서 부당한 대우를 받거나 신체적 위협, 또는 언어 소통의 문제를 겪을 때 주로 제공된다. 하지만 실제 상황에서는 영사 조력의 한계를 명확히 정하기가 쉽지 않다. 특히 우리 국민이 연루된 사건에서는 보다 적극적인 지원이 필요하거나, 영사 조력의 범위를 넘어서는 조치가 요구되기도 한다.

아침 일찍, 나는 대사관 민원 실무관과 함께 법원으로 향했다. 검사를 만나기 위해 한 시간 가까이 법원 대기실에서 기다렸지만, 끝내 검사를 만날 수 없었다. 재판 시작까지 30분도 채 남지 않은 상황에서, 나는 변호사에게 급히 연락해, 법정에서 대사관 영사가 참관 중임을 재판부에 반드시 알리도록 요청했다.

재판이 시작되기 5분 전, 변호사가 다급히 다가와 "검사가 지금 재판장으로 들어간다"라고 알려왔다. 나는 서둘러 재판장으로 향했고, 짧은 시간이었지만 검사를 찾아 인사를 나누며 나를 소개했다. 검사는 다소 당황한 듯했지만, 대사관 영사라는 직함을 확인하고는 곧바로 재판장으로 들어갔다.

재판장에 들어서자, 방청석은 이미 사람들로 가득 차 있었고, 출입문 주변에는 많은 이들이 서서 웅성거리고 있었다. 좌석을 찾지 못해 당황하던 순간, 재판장 왼쪽 맨 앞줄에 빈 좌석이 눈에 들어왔다. 나는 경비원에게 조심스럽게 말을 걸었다.

"한국 대사관 영사입니다. 저기 빈 좌석에 앉을 수 있을까요?"

경비원은 단호히 거절했다.

"기자석입니다. 기자가 아니면 앉을 수 없습니다."

나는 미소를 잃지 않고 정중하게 다시 부탁했다.

"기자가 없는 것 같은데, 대사관에서 공식적으로 참석한 만큼 앉을 수 있게 해주십시오."

그러나 경비원은 여전히 완강히 거부했다.

"기자가 아니면 안 됩니다."

나는 포기하지 않고 다시 한번 말했다.

"책임자를 만나볼 수 있을까요?"

그 순간, 우리의 대화를 주시하던 책임자로 보이는 경비원이 다가와 "여기 무슨 일인가요?"라고 묻자, 나는 기다렸다는 듯 "저는 한국 대사관의 영사입니다. 오늘 우리 국민의 재판에 참관하려 하는데 자리가 없어 기자석에 앉을 수 있을지 요청드립니다. 방금 전 담당 검사와도 만났습니다."

내가 검사와의 만남을 이야기하자, 책임자는 경비원에게 두말하지 않고 즉시 기자석으로 안내하라고 지시했다. 경비원은 내키지 않는 표정이었지만, 명령을 받자 마지못해 나를 안내했다. 나는 감사의 뜻으로 그의 손에 현지화 천 세파를 쥐여 주었다. 이에 경비원은 그제야 환한 미소를 지으며 "감사합니다"라고 인사했다.

곧 재판이 시작되었다. 여러 사건이 동시에 다뤄지고 있어 법정은 매우 혼란스러웠고, 재판관의 목소리도 제대로 들리지 않았다. 나는 고개를 숙이지 않고 재판장을 응시하며, 마치 중요한 사항을 기록하는 듯한 모습을 연출했다. 대한민국 영사가 이 자리에 참석하고 있음을 분명히 보여주고 싶었기 때문이다.

한 시간이 지나고 마침내 우리 국민이 재판장 앞에 섰다. 검사가 발언을 시작했지만, 여전히 소란스러운 분위기 탓에 그의 목소리는 희미하게 들렸다. 변호사는 중간중간 우리 쪽을 가리키며, 대사관이 주시하고 있다는 점을 강조하며 변론을 이어갔다.

드디어 재판이 끝나고 판결이 내려졌다. 법정 안은 여전히 웅성거림으로 가득해 판결 내용을 정확히 들을 수 없었다. 변호사가 다가와 결과가 좋다고 전하며, 오후에 출소할 수 있다고 했다. 집행유예와 약간의 벌금만 부과되었다는 소식에, 비로소 긴장이 풀리며 안도의 한숨이 나왔다. 밖에서 초조하게 기다리던 민원인에게 재판 결과를 전하자, 그녀는 눈물을 글썽이며 거듭 감사 인사를 건넸다.

며칠 후, 출소한 교민이 대사관을 찾아와 손에 든 갈치를 내밀며 말했다.

"영사님 덕분에 무사히 나올 수 있었습니다. 약소하지만 이곳에서 잡은 갈치입니다. 대사관 직원들과 나눠 드세요."

"건강하게 다시 뵐 수 있어 정말 다행입니다. 구치소 생활이 많이 힘드셨지요?" 나는 그가 겪었을 고통을 떠올리며 진심 어린 위로의 말을 건넸다.

"네, 정말 힘들었습니다. 현지인 범죄자들과 한방에서 지내며,

말로 다 할 수 없을 정도로 고통스럽고 암울한 시간을 보냈습니다. 구치소 음식도 거의 먹을 수 없었지만, 살기 위해 간신히 버텼습니다." 그는 불안과 두려움 속에서 하루하루를 견뎌낸 이야기를 담담히 털어놓았다.

"이번에 처음으로 이곳 재판에 참석하며, 다양한 범죄가 한꺼번에 다뤄지는 모습을 보고 법정의 실상을 알게 되었습니다. 그래도 변호사를 통해 자신을 방어할 수 있는 체계가 나름 잘 갖춰져 있다는 점에서 다행이라고 느꼈습니다." 나는 세네갈에서 누구나 법적 보호를 받을 수 있는 환경이 마련되어 있다는 점에 긍정적인 인상을 받았다고 조심스럽게 덧붙였다.

"이번에 조금만 더 출소가 늦었더라면 제 사업에 큰 타격이 있었을 겁니다. 한 달 가까이 구치소에 갇혀 있었던 탓에 진행 중이던 사업이 모두 중단될 뻔했어요." 그의 얼굴에는 그동안의 걱정과 압박감이 그대로 묻어나 있었고, 목소리에는 겨우 위기를 넘겼다는 안도감이 담겨 있었다. 그는 이번 경험을 통해 많은 것을 깨달았다며, 진심 어린 감사의 마음을 전했다.

그날 저녁, 아내가 정성껏 준비한 세네갈 갈치로 저녁 식사를 하며, 이번 일을 되돌아보았다. 이번 사건은 교민들이 현지에서 법적 문제에 직면했을 때, 대사관의 지원이 얼마나 중요한지 깨닫게 해주었다. 특히, 현지의 법체계를 존중하면서도 대사관의 관심만으로도 큰 힘이 될 수 있음을 여실히 체감할 수 있었다.

쿠데타와 전쟁의 혼돈 속에서

— 말리에서 억류된 우리 기업인 구출기 —

2013년 새해가 밝으며 세네갈에서의 생활도 어느덧 2년 차에 접어들었다. 1월 중순의 이른 어느 아침, 평소처럼 바오밥 나무가 늘어선 길을 따라 걸어 사무실에 일찍 도착했다. 여덟 시가 채 되지 않은 시각, 갑작스레 전화벨이 울렸다. 수화기 너머로 말리에 진출한 우리 기업의 본사 직원이 다급한 목소리로 말을 걸어왔다.

"안녕하세요, 영사님. 저희가 말리 바마코에 현지 법인을 두고 있는데, 한국인 법인장이 바마코 시내 군부대에 억류되어 있습니다. 어떻게 해야 할지 몰라 대사관에 도움을 요청하게 되었습니다."

"네? 법인장이 억류되었다고요?" '억류'라는 단어가 머릿속을 울리며 긴박함이 온몸을 휘감았다. 나는 깊이 숨을 고르고 마음을 가다듬은 뒤 물었다.

"무슨 이유로 법인장이 억류되었나요? 아는 사실을 모두 말씀해 주세요."

　기업 관계자는 초조한 목소리로 설명을 이어갔다.

　"말리 법인의 현지 투자자가 쿠데타를 일으킨 신군부와 은밀한 거래를 한 것 같습니다. 그들이 법인의 모든 자산을 강제로 탈취하려 했고, 이를 감지한 법인장이 신변의 위협을 느껴 모로코로 피신하려던 중이었습니다. 하지만 공항에서 출국 수속 중 사복 경찰에게 체포되어 바마코 내 군 시설에 감금된 것으로 알고 있습니다."

　순간, 정신이 번쩍 들었다. 얼마 전 기니에서 발생한 우리 국민 납치 사건이 바로 엊그제 같은데, 이번에는 말리 바마코에서 한국인 법인장이 군부에 억류된 것이다. 지난해에도 신군부가 우리 기업의 차량 수십 대를 압류하려 했던 기억이 떠올랐다. 그 차량 중에는 말리 정부에 판매하기 위해 한국에서 수입한 군용 차량도 포함되어 있었다.

　작년 초, 말리는 대통령이 해외로 축출되는 정치적 격변 속에 빠져들었다. 북부지역의 소수민족인 투아레그족이 자치 정부 수립을 선포하며 혼란의 불씨를 지폈다. 말리 정부는 이 반란에 효과적으로 대응하지 못했고, 결국 젊은 군인들이 쿠데타를 일으켜 대통령을 몰아내면서 혼란은 더욱 심화되었다.

　이에 더해 알카에다 북아프리카 지부의 이슬람 근본주의자들이 투아레그족과 손을 잡으며 내전이 격화되었고, 수도를 제외한 북부 대부분 지역이 테러 세력의 손에 넘어갔다. 이로 인해 말리는 극도의 무질서와 혼돈에 빠졌다.

알카에다 북아프리카 지부 군인들, 출처: Reuters, 이미지 편집: 저자

이러한 혼란 속에서 쿠데타를 일으킨 신군부는 우리 기업의 군수 차량을 전쟁 물자로 활용하기 위해 압수하려 했다. 당시 우리 대사관은 기업의 요청을 받아 외교적 수단을 총동원해 신군부에 강하게 대응했다. 신군부는 국제사회와의 관계 유지를 원했기에, 대사관은 이를 기회로 삼아 말리가 가입한 서부 아프리카경제공동체(ECO WAS)와 협력해 우리 기업의 자산을 지켜냈다.

그러나 이번 상황은 훨씬 더 심각했다. 우리 법인장이 신군부와 결탁한 현지 투자자에 의해 군 시설에 강제 감금된 상태였다. 현지 투자자는 신군부와 공모해 우리 기업의 자산을 강탈하려 했던 것으로 보였다. 한편, 최근 내전으로 국가 존립이 위협받는 상황에서, 신군부는 강경한 태도로 통치를 강화하고 있었다.

이처럼 복잡한 상황에서 우리는 빠르고 효과적인 대응이 절실했다. 신군부의 움직임을 철저히 파악하고, 현지 정부와의 협력을 강화하는 것이 필수적이었다. 시간을 지체할 여유가 없었기에, 우리 대사관은 즉각적인 대응에 나섰다. 먼저, 대사는 우리 기업인의 감금 소식을 듣자마자 세네갈 주재 말리 대사에게 신속히 연락했다. 그는 절박한 상황을 설명하며, 말리 정부의 적극적이고 신속한 협조를 강력히 요청했다.

말리 대사는 본국에 상황을 즉각 전달하겠다고 하면서도, 말리의 불안정한 정세를 우려했다. 대사는 대통령이 축출된 이후 임시정부가 세워졌지만, 실제로는 쿠데타 세력이 모든 권한을 장악하고 있어 말리 외교부의 역할이 제한적이라는 점을 신중하게 설명했다. 이 상황이 외교적 협상을 더욱 어렵게 만들 것이라는 현실이 무겁게 다가왔다.

점심시간 무렵, 우리 기업 본사와 억류된 법인장이 마침내 연락이 닿았다. 법인장은 억류된 상태에서 직접 본사에 전화를 걸어자신이 처한 상황을 전했다. 그는 군부가 우리 기업의 자산 포기서류에 서명하면 석방을 고려하겠다고 전하며, 신체적 가해는 없었지만, 심각한 정신적 압박을 받고 있다고 했다. 현지 투자자와신군부가 말리의 혼란을 틈타 기업의 자산을 강탈하려 한다는 의도가 명확해졌다.

우리 공관은 즉각 긴급회의를 열어 빠른 대응책을 논의하기 시작했다. 회의가 시작되자 대사는 단호히 말했다.

"지금 우리가 할 수 있는 일은 외교적 압력을 최대한 강화하는 것입니다. 다른 외국 대사관과 협력해 이 문제의 심각성을 알리고, 말리 정부와 군부에 국제적 압력을 가해야 합니다."

그러자 정무 참사관이 빠르게 대안을 제시했다.

"ECOWAS(서부아프리카경제공동체)와 접촉해 말리 상황을 논의하겠습니다. 지난번처럼, 이번에도 그들의 협조가 중요합니다."

대사는 그 제안을 긍정적으로 받아들이며,

"네, 아주 좋은 생각입니다. 또한 EU와 미국 대사관과도 협력 방안을 모색합시다. 말리의 불법적인 행위에 대해 국제사회가 강경한 입장을 취하도록 합시다"라고 답했다.

나는 본부와 지속적으로 상황을 공유하며, 법적 대응이 필요함을 강조했다.

"현지 투자자와 군부의 요구에 어떻게 대응할지, 보다 구체적인 전략을 마련하는 것이 중요할 것 같습니다."

회의는 매우 긴박하게 진행되었고, 가능한 모든 외교적 수단을 동원하기로 결론지어졌다. 각자의 역할이 정해지자, 우리는 신속히 대응에 나섰다. 나는 말리 외교부에 연락해 우리 국민의 신변 안전 보장을 지속해서 요청했고, 정무 참사관은 세네갈에 있는 국제기구 및 외국 대사관들과 접촉해 국제사회의 협력을 이끌어 내기 시작했다.

오후에 말리 현지의 직원으로부터 긴급한 연락이 왔다.
"군부가 우리 기업이 보유하고 있던 군용 차량을 모두 압수해 갔습니다."

순간 정신이 아득해졌다. 말리의 상황은 우리가 예상했던 것보다 훨씬 더 복잡다단해지고 있었다. 당시 말리는 북부 투아레그족과 결탁한 이슬람 테러리스트들과 전쟁 중으로 국가비상사태가 선포된 상태였다. 법인장이 처한 상황은 단순한 억류를 넘어, 국가적 위기 속에서 무력으로 억압받고 있었다.

나는 곧바로 이 소식을 대사에게 보고했다. 나의 보고에 대사는 "예상했던 대로군요. 국가비상사태를 빌미로 우리 기업 자산을 탈취하려는 의도가 명백합니다"라며 우려를 나타냈다. 그의 목소리에는 상황의 심각성을 넘어선, 탈취자들에 대한 조심스러운 분노가 담겨 있었다.

말리 정부와의 협력뿐만 아니라 국제사회의 압박을 강화하기 위해 모든 외교적 수단을 총동원해야 함을 절실히 느꼈다.

나는 즉시 본부에 상황을 보고하며, 국제법상 국가비상사태 시 외국 기업 자산의 강제 압류 가능성을 검토해달라고 요청했다. 동시에 말리로의 출장을 위한 가장 빠른 항공편을 예약했다. 말리의 명예영사인 Mr. 시마가와도 연락해 숙소 문제를 해결하기로 했다.

처음에는 외국인들이 주로 이용하는 래디슨 블루(Radisson Blu) 호텔을 예약하려 했으나, 현지 상황에 밝은 명예영사는 신중하게 조언했다. 현지인이 운영하는 중급 호텔을 이용하는 것이 더 안전할 것이라는 제안이었다. 외국인이 많이 머무는 대형 호텔은 북부 이슬람 세력의 테러 표적이 될 수 있었기 때문이다.

실제로 이 사건이 있고 몇 년 후인 2015년 11월, 내가 처음 머무르려 했던 래디슨 블루 호텔에서는 이슬람 테러리스트들의 무장 공격이 발생해 수십 명의 사망자가 발생하는 참사가 벌어졌다.

말리 호텔 참사 현장, 출처: Daily Trust, 이미지 편집: 저자

다음 날 아침, 나는 평소보다 일찍 대사관에 출근해 출장 준비를

마쳤다. 공항으로 가기 위해 공관 밖으로 나서자, 나의 무사 출장을 기원하며 인사를 건네는 대사와 직원들의 눈빛에서 이번 출장의 의미와 중요성을 다시금 느낄 수 있었다.

말리 내전은 북부 이슬람 세력이 수도 바마코 인근까지 남하하며, 말리의 존립을 위협하고 있었다. 교민 대부분은 이미 말리를 떠나 한국이나 프랑스, 그리고 인접국으로 철수했지만, 여전히 바마코에 남아 있는 교민들의 안전도 확보해야 했다. 이번 출장은 단순한 업무를 넘어 교민들의 생명이 걸린 중대한 임무였다. 나는 반드시 잔류 교민의 안전을 확보하고, 우리 기업의 자산을 지키며, 법인장의 무사 석방을 이루어 내야만 했다.

말리 내전 현황, 출처: 경향신문

공항으로 가는 길, 나는 말리 도착 후 벌어질 상황을 떠올리며 긴박함이 점점 더해지는 것을 느꼈다. 말리의 위험하고 예측 불가능한 상황을 잘 알고 있었기에, 이번 출장이 결코 쉽지 않은 여정이 될 것임을 직감했다.

비행기가 다카르 공항을 출발해 바마코에 도착하자, 활주로의 모습이 평소와 크게 달랐다. 민항기가 있어야 할 자리에는 대형 군용 수송기들이 있었고, 그 광경은 말리가 전쟁 중임을 여실히 보여주고 있었다. 출국장을 나서니, 평소 친분이 있던 말리 외교부 아주국장과 우리 명예영사가 나를 기다리고 있었다.

"어서 오세요, 강 영사님. 무사히 도착하셔서 다행입니다." 아주국장이 반갑게 인사했다.

"환영합니다. 여기까지 오시느라 고생 많으셨습니다." 명예영사도 내게 반가움의 인사를 덧붙였다.

"감사합니다. 두 분 덕분에 무사히 도착할 수 있었습니다"라며 나도 반갑게 인사를 건넸다.

"말리의 상황이 매우 어려운 것으로 알고 있습니다. 우리 법인장이 억류된 상황인 만큼, 조속한 석방을 위해 말리 외교부의 적극적인 협조를 부탁드립니다."

내 단호한 요청에 아주국장은 진지한 표정으로 고개를 끄덕였다.

"상황이 매우 복잡하지만, 가능한 모든 협조를 아끼지 않겠습니다. 일단 외교부로 가서 차관님과 면담을 하시죠. 지금 기다리고 계십니다."

차에 타고 이동하는 동안, 창밖 풍경을 보며 상황의 심각성을 다시금 실감했다. 거리 곳곳의 무장 군인들과 전쟁의 긴장감이 도처에 스며들어 있는 분위기는 말리의 위태로운 상황을 여실히 보여주고 있었다. 명예영사는 틈틈이 현재 말리의 정세에 관해 설명해 주었다. "말리 북부의 상황은 여전히 불안정합니다. 수도 바마코도 안전하지 않은 곳이 많습니다. 특히, 래디슨 블루(Radisson Blu)와 같은 대형 호텔은 테러의 표적이 될 수 있으니 피하는 것이 좋습니다."

"네, 조심해야겠군요. 숙소는 다행히 다른 곳으로 잘 정해둔 것 같습니다." 나는 명예영사의 조언에 고마움을 나타내며 답했다.

내전 중인 말리 시내 전경, 출처: Al Jazeera, 이미지 편집: 저자

말리 외교부 청사에 도착하자, 한층 더 긴장감이 높아졌다. 외교부 차관을 영사로서 바로 만나는 것은 이례적인 일이었지만, 우리 대사관의 강력한 요청 덕분에 즉각적인 면담이 성사되었다. 차관 집무실에 들어서자, 그는 나를 반기며 관례적인 인사는 생략하고 이야기를 시작했다.

"어서 오십시오, 강 영사님. 상황이 긴박한 만큼 이렇게 바로 만나게 되었습니다." 차관이 자리를 권하며 말했다. 그의 표정은 매우 어두웠으며, 이번 사태를 얼마나 심각하게 받아들이고 있는지가 분명히 드러나 보였다.

"차관님, 이번 억류 사태는 한국과 말리 두 국가 간의 신뢰에 큰 영향을 미칠 수 있는 중요한 문제입니다. 우리 기업인의 신속한 석방을 위해 말리 정부의 적극적인 협조를 요청드립니다." 나는 차분하면서도 확고한 어조로 말했다.

차관은 나의 말을 경청하며 천천히 고개를 끄덕였다.
"말리 정부도 이번 사안을 매우 중대하게 인식하고 있습니다. 한국과의 관계를 중요하게 여기고 있으며, 최대한 신속하게 이 문제를 해결하기 위해 노력하겠습니다."

나는 한발 더 나아가 강조했다.
"차관님, 우리 국민의 신변 안전을 확인하고 싶습니다. 또한, 군부가 억류한 이유에 대한 공식적인 설명을 부탁드립니다."

나의 단호함에 차관은 조심스러운 표정을 띤 채 답했다.

"현재 그는 군 시설에서 조사를 받고 있는 것으로 알고 있습니다. 상황을 정확히 파악한 후 가능한 한 빨리 알려드리겠습니다."

사실, 외교적 경로로 이 문제를 제기할 수밖에 없는 현실에서, 차관의 답변은 다소 실망스러운 것이었다. 그러나 나는 상황의 중대함을 명확히 하기 위해 더욱 단호하게 말했다.

"비엔나 영사 협약에 따라, 오늘 중으로 우리 국민과의 영사 면담이 이루어질 수 있도록 협조해 주시기 바랍니다."

차관은 잠시 생각한 뒤 조심스럽게 답했다.

"오늘이 금요일 오후라는 점을 감안해 주십시오. 영사 면담 절차에는 시간이 필요합니다. 말리 정부를 믿고 조금 더 기다려 주십시오. 늦어도 월요일에는 영사 면담이 이루어질 수 있도록 최선을 다하겠습니다."

나는 그의 말이 현실적인 한계를 반영하고 있음을 이해했지만, 우리 국민의 안전이 걸린 문제였기에 긴장의 끈을 놓칠 수 없었다. 월요일까지 기다려야 한다는 현실이 가혹하게 느껴졌다.

"차관님, 이번 사안은 결코 가볍게 넘길 수 없는 중요한 문제입니다. 장관님께서 귀국하시는 대로 그와의 면담을 정식으로 요청드립니다. 우리 정부의 깊은 우려를 전달하겠습니다." 내 말에 차관은 "장관께서 귀국하시면 곧바로 면담 일정을 잡아보겠습니다"라고 답했다. 그의 표정에서 긴장을 읽을 수 있었다.

"우리 국민의 생명을 위협하는 어떤 행위도 결코 용납할 수 없습니다. 말리 정부가 실질적인 조처를 하지 않으면, 국제사회와 협력해 강력히 대응하겠습니다. 저 또한 이 사태가 해결될 때까지 절대 바마코를 떠나지 않을 것입니다." 나는 차관에게 국제사회가 이번 사건을 주시하고 있음을 강조하며, 이번 일이 말리 경제에 미칠 부정적인 영향에 대해 경고했다.

차관은 잠시 생각에 잠기며 끄덕였다.
"말리 외교부도 이번 사안을 매우 중대하게 인식하고 있습니다. 하지만," 그는 잠시 멈추었다가 덧붙였다.
"말리 행정부의 실질적인 권한이 제한되어 있는 상황에서 우리가 어떤 역할을 할 수 있을지 확신하기 어렵습니다."
나는 그의 말에 단호하게 답했다.
"말리 정부가 이번 기회를 국제사회의 신뢰를 회복하는 계기로 삼아야 합니다. 우리 국민의 안전을 지키기 위해 적극적인 조치를 취해 주시기 바랍니다."

외교부 청사를 떠나자마자, 나는 서둘러 우리 기업의 현지 법인 사무실로 향했다. 차창 너머로 보이는 바마코의 풍경은 평소와 달리 한산하고 음산했다. 전쟁의 그림자가 드리운 이곳에서는 평소 활기가 넘치던 길거리조차 적막감에 휩싸여 있었다. 심지어 구걸하던 현지인들마저 사라져, 바마코의 긴박한 상황이 피부로 와 닿았다.

정적이 감도는 도로를 따라 한참을 달려 도착한 우리 기업 사무실에서 한국인 직원이 나를 맞이했다. 그의 얼굴에는 피로와 긴장이 역력했다.

"말리 군부에 의해 상당수의 차량이 탈취된 것으로 알고 있습니다. 직원들은 모두 무사한가요?" 나는 직원들의 안전이 가장 중요하다는 생각에 조심스럽게 물었다.

"네, 다행히 직원들은 무사합니다. 하지만 군부가 우리 법인의 군수 차량을 모두 압수해 갔습니다. 군인들의 태도가 매우 위협적이어서, 대응할 시간조차 없었습니다. 그래도 직원들이 피해를 입지 않고 무사한 것이 다행입니다." 그는 안도의 한숨을 내쉬며 답했다.

"본사에서도 말리의 상황을 매우 우려하고 있을 텐데, 별도의 안전 대책을 마련하고 있나요?" 나는 현재 내전 상황 속에서 본사가 특별한 지시를 내렸는지 궁금했다.

그는 잠시 고민하는 듯하다가 "법인을 일시 폐쇄하고, 상황이 안정될 때까지 법인장은 모로코로, 다른 직원들은 세네갈로 이동할 계획이었습니다. 하지만 법인장이 억류되어 있어서, 이 일이 해결된 후에야 이동할 수 있을 것 같습니다"라고 답했다.

나는 그의 말을 듣고, 법인장의 석방을 위해 모든 외교적 수단을 동원하겠다고 약속하며 직원들이 동요하지 않도록 안심시켰다. 그들에게 외부 이동을 자제하고 숙소에 머물 것을 당부한 후, 곧바로 호텔로 이동했다.

호텔에 도착하니 벨보이가 환영 인사를 건넸다. 중급 규모의 호텔이었지만, 전쟁의 여파로 라운지는 텅 비어 있었고, 적막이 감돌고 있었다. 체크인을 마친 후, 나는 명예영사와 함께 호텔 내 식당으로 향했다. 식당 또한 고요하고 정적인 분위기에 휩싸여 있었고, 넓은 공간에 우리 둘만이 자리를 지키고 있었다. 모든 종업원의 시선이 우리에게 집중되어 다소 부담스럽게 느껴졌다. 우리는 그들의 시선을 의식하며 조심스럽게 식사를 마쳤다.

이후, 명예영사와 앞으로의 계획을 차분히 논의하기 시작했다. 상황이 복잡한 만큼, 가능한 모든 대안을 신중히 검토해야 했다. 지금까지의 진행 상황을 점검하며, 다음 단계의 조치들을 차근차근 정리해 나갔다.

"Mr. 시마가, 장관과의 면담이 월요일에나 가능할 것 같은데, 말리 외교부만 믿고 기다릴 수는 없을 것 같습니다. 다른 대안을 찾아봐야 할 것 같아요. 혹시 신군부 내에 아는 사람이 있을까요?" 내가 신중하게 물었다.

명예영사는 잠시 생각에 잠긴 듯 침묵하다가 답했다.
"저도 같은 생각입니다. 말리 외교부가 나름대로 노력하고 있지만, 실권은 신군부에 있어서 우리가 원하는 결과를 얻기 쉽지 않을 겁니다. 마침 신군부 실세인 사노고(Sanogo) 대위의 측근 한 명

을 알고 있습니다. 그는 신군부가 군사기지로 사용하는 지역의 치
안을 담당하고 있습니다. 그와 약속을 잡아보겠습니다. 또한, 제
가 국토부 장관과도 친분이 있습니다."

사노고 대위와 말리 쿠데타 주역들, 출처: Swissinfo.ch

그의 말에 내가 놀라서 되물었다.

"국토부 장관과도 친분이 있으시군요?"

"네, 맞습니다. 그가 우리 바로 옆집에 살아 오래전부터 친하게
지내고 있습니다."

"좋은 소식입니다. 최대한 많은 인사들과 접촉하도록 하죠. 특
히, 신군부와 정부 고위 관계자들과의 만남을 최대한 많이 주선해
주세요. 주말이라도 상관없으니 가능한 한 빨리요."

"알겠습니다. 될 수 있으면 빨리 만남을 주선하겠습니다. 늦어

도 월요일에는 가능할 것입니다."

"주말이라도 괜찮으니 최대한 빨리 주선해 주세요."

나는 명예영사와 함께 주말 동안 만날 수 있는 인사들과의 일정을 조율하기로 했다. 식탁에서 일어나며 주위를 둘러보았다. 종업원들의 시선이 여전히 우리에게 쏠려 있었다. 내전 속에서 우리가 오랜만에 찾아온 반가운 손님처럼 보였을 것이다. 나는 그들을 의식해 넉넉한 팁을 탁자 위에 놓고 나왔다. 식당을 나서는 순간, 종업원들이 일제히 미소를 지으며 "감사합니다"라고 우렁차게 인사했다.

명예영사는 말리에서 상당한 영향력을 가진 인물로, 말리 최대의 버스 회사를 운영하며 여러 대형 전자상가를 소유하고 있었다. 그의 가문은 오랫동안 말리 사회에서 막강한 영향력을 행사해 왔으며, 그의 아버지는 말리 중부 지역의 유력한 부족장 출신이었다. 말리 외교부만을 의지할 수 없는 상황에서, 그의 폭넓은 인맥과 가문의 영향력은 나에게 매우 귀중한 외교적 자원이 되었다.

영사로서 오랜 기간 근무하면서, 우리 국민이 연루된 사건이 발생할 때마다 시간의 중요성을 절감해 왔다. 현장에서의 빠른 판단과 신속한 대응은 국민의 생명과 재산을 지키는 데 결정적인 역할을 한다. 이러한 능력은 축적된 경험과 평소 철저한 준비에서 비롯된다. 특히, 아프리카와 같은 환경에서는 외교관의 신분을 최대한 활용해야 하지만, 때로는 그 특권을 내려놓고 실질적인 도움을 줄 수 있는 사람들과 신뢰를 쌓는 것이 무엇보다 중요하다.

이른 토요일 아침, 우리 기업 현지 법인 사무소로부터 긴급한 전화가 걸려 왔다.

"오늘 오전에 국가보안부에서 우리 기업을 방문한다고 합니다."

나는 이 소식을 듣자마자, '국가보안부에서 왜 오는 거지?'라는 의문을 품고 곧바로 사무소로 향했다.

사무소에 도착하자마자 한국인 직원과 이야기를 나눴다.

"국가보안부에서 갑자기 방문하겠다는 연락을 받았다니, 무슨 일인지 알 수 있을까요?"

"우리 직원이 국방부의 지인을 통해 확인한 내용입니다."

"국방부에 지인이 있다고요?"

"우리도 법인장 석방을 위해 여러 방면으로 노력하고 있습니다. 그 과정에서 현지 직원 중 한 명이 국방부 고위 간부와 친분이 있어서 그를 통해 확인한 것입니다."

"방문 목적이 정확히 무엇이라고 합니까?"

"법인 설립과 현지 투자자와의 지분 관계 서류를 확인하려는 것 같습니다."

"본사에도 이 사실을 알렸나요?"

"네, 본사와 연락이 닿았고, 최대한 협조하라는 지시를 받았습니다."

혹시 현지 직원들이 이번 일에 연루된 것은 아닌지 염두에 두고 그들과 이야기를 나눴다. 대화가 끝나갈 무렵, 낡아 보이는 검은

SUV 두 대가 사무소 앞으로 천천히 다가왔다. 자신들을 국가보안부 소속이라고 소개한 이들은 회사 설립 관련 모든 서류를 제출하라고 요구했다. 리더로 보이는 인물과 간단히 인사를 나눴다. 그는 자신을 쿨리발리라고 소개했다.

"저는 세네갈 대사관의 강 영사입니다. 우리 법인장이 왜 구속된 건지 알 수 있을까요?" 나는 차분한 어조로 물었다.

쿨리발리는 다소 유연한 태도로 "구체적인 구속 사유는 저희도 알지 못합니다. 우리는 단지 법인 서류와 지분 관계를 확인하라는 명령을 받았을 뿐입니다"라고 대답했다.

나는 걱정을 감추지 않고 물었다. "그렇다면, 법인장의 건강 상태는 어떻습니까?"

"걱정하지 마십시오. 모든 일이 순조롭게 진행된다면 조만간 무사히 석방될 것입니다." 쿨리발리는 나를 안심시키듯 답했다.

나는 그의 태도에서 타협의 가능성을 발견하고, 우리 정부의 깊은 관심을 강조하며 협력을 제안했다.

"제가 여기 있다는 것은 우리 정부가 법인장의 불법 감금에 큰 우려를 갖고 있다는 의미입니다. 만약 이번 일을 원만히 해결할 수 있도록 도와주신다면, 당신의 한국 초청을 우리 정부에 건의하겠습니다."

나의 제안에 쿨리발리는 잠시 당황한 듯 보였지만, 이내 자신의 전화번호를 건네며 언제든지 연락하라고 했다. 그의 명함을 받아

들며, 나는 우리 정부의 깊은 우려를 다시 한번 강조했다. 그 덕분에 그로부터 법인장이 억류된 장소를 파악할 수 있었다.

긴장감 속에서 두 시간이 흘렀고, 그들은 서류를 확인한 후 자리를 떠났다. 쿨리발리에게 받은 정보를 얼마나 신뢰할 수 있을지는 불확실했지만, 국가보안부와의 소통 창구를 마련한 것이 법인장 석방을 위한 중요한 돌파구가 될 수 있음을 직감했다.

한편, 세네갈에 있는 우리 대사관도 바쁘게 움직이고 있었다. 대사는 말리 외교부 차관과 세네갈 주재 말리 대사에게 여러 차례 전화를 걸어 우리 법인장과의 영사 면담을 지속해서 요구했다. 말리 외교 차관은 법인장이 강제 구금된 것이 아니라 합법적인 사법 절차에 따른 조사를 받고 있다고 주장하며, 자신은 법인장 석방에 대해 논의할 위치에 있지 않다고 답했다. 또한 그는 월요일에 영사 면담이 이루어질 수 있도록 노력하겠다는 원론적인 답변만을 반복했다.

정무 참사관도 세네갈에 있는 유엔안전국(UNDSS) 직원을 만나 우리 정부의 우려를 전달하고, 말리 현지에 있는 유엔 보안 담당관에게 신군부 내 인맥을 활용해 우리 법인장의 석방에 도움을 줄 수 있도록 협조를 요청했다.

오전 11시경, 대사로부터 급하게 전화가 걸려 왔다.
"말리에 있는 미국 대사와 통화를 했는데, 어제 말리 내 외교단

모임에서 말리 총리실 고위 관계자가 한국 기업인의 억류 사실을 잠깐 언급했다고 하네요. 그 사람들을 접촉해서 최대한 협조를 요청해 보세요."

즉시 말리 주재 미국 대사에게 전화를 걸었다. 토요일이라 전화를 받지 않을까 걱정했지만, 다행히도 미국 대사와 바로 연결되었다. 나는 상황을 설명한 후 말리 총리실 고위 관계자의 연락처를 정중히 요청했다.

미국 대사는 흔쾌히 전화번호를 알려주며 말했다.

"우리도 이 상황을 주의 깊게 지켜보고 있습니다. 말리 정부 내에서도 한국 기업인의 억류 사실이 어느 정도 알려진 것 같아요. 내가 만났던 총리실 고위 관계자가 도움을 줄 수 있을지도 몰라요."

전화번호를 건네받은 나는 지체하지 않고 총리실에 연락했다. 신분을 밝히자, 총리실 고위 관계자는 내가 왜 연락했는지 이미 알고 있는 듯했다.

"우리 기업인이 불법적으로 억류된 사실을 알고 있다고 들었습니다. 우리 정부는 이 상황에 깊은 우려를 표하며, 국제사회와 함께 대응을 준비 중입니다. 우리 국민이 최대한 빨리 석방될 수 있도록 총리실의 협조를 부탁드립니다."

나의 말에 그는 차분하게 답했다.

"어제 강 영사님이 외교부 차관과 만난 것으로 알고 있습니다.

총리실에서도 이 문제에 대해 우려를 가지고 논의 중에 있습니다. 조금만 더 기다려 주시면 좋겠습니다.”

그의 말에서 총리실이 상황의 심각성을 충분히 이해하고 있음을 느낄 수 있었다.

대통령이 쿠데타로 축출된 후 총리실이 사실상 행정부의 수반 역할을 맡고 있어, 신군부에 일정한 압력을 행사할 수 있을 것이라 기대했다.

한편, 법인장이 억류된 후 말리 정부와 신군부에 대한 우리 대사관의 신속한 대응과 다각적인 압박이 점차 효과를 발휘하기 시작했다는 느낌을 받았다. 이러한 긍정적인 변화를 감지한 나는 국가보안부를 직접 방문해 억류된 법인장과의 면담을 추진하기로 결심했다. 주말 동안 신군부의 압력으로 법인장이 불리한 서류에 서명하게 되면, 우리 기업에 치명적인 손실이 발생할 가능성이 컸기 때문이다. 이번에도 신속한 대응이 필요하다는 판단이 들었다.

여러 차례 쿨리발리에게 연락을 시도했으나 응답이 없었다. 조바심이 점점 커졌다. 내 전화를 의도적으로 피하는 것은 아닌가 하는 불안감이 들었지만 포기할 수 없었다. 마침내 그가 전화를 받자, 나는 조심스럽게 우리 국민과의 영사 면담을 위해 국가보안부를 방문하고 싶다고 요청했다. 그는 윗선에 보고하겠다고 했지만, 보안시설에서의 영사 면담은 어렵다고 말했다.

나는 다시 정중하게 요청했다.

"그럼에도 대한민국 영사가 직접 찾아갈 예정임을 윗선에 꼭 전달해 주세요." 이러한 결정은 무모해 보일 수도 있었지만, 억류 사실이 이미 공론화된 상황에서 영사 면담을 무조건 거절하기는 쉽지 않을 것으로 판단했다.

출발 전, 국방부 고위 관계자에게도 연락해 내가 국가보안부를 방문할 예정임을 전달해달라고 요청했다. 또한, 쿨리발리로부터 받은 주소가 맞는지도 확인했다. 그는 우리 국민이 바마코 시내의 군 시설 내 별도의 건물에 억류되어 있으며, 그곳에 들어가기 위해 두 개의 검문소를 통과해야 한다고 설명했다. 첫 번째 검문소는 국방부 관할이니, 미리 이야기해 놓겠다고 했다. 긴박한 순간이었지만 그들의 협조에 감사함을 느꼈다. 이제 곧 우리 국민을 만날 수 있다는 기대가 커지기 시작했다. 나는 명예영사와 함께 국방부 시설로 서둘러 향했다.

첫 번째 검문소에 다가가니, 혹여 이곳에서 통과를 거부당하면 어쩌나 하는 걱정이 밀려왔다. 총을 든 군인이 우리 차량으로 다가와 방문 목적을 물었다. 나는 최대한 침착하게 대답했다.

"한국 정부에서 보낸 영사입니다. 우리 국민과 면담 약속이 잡혀 있어 국가보안부에 방문하기 위해 왔습니다." 비록 정식 약속이 잡힌 것은 아니었지만, 마치 약속이 있는 것처럼 위축되지 않고 당당하게 말했다.

위병은 차량 내부를 잠시 살핀 뒤, 검문소 안으로 들어갔다. 잠시 후, 장교로 보이는 군인이 걸어 나왔다. 그는 국방부 관계자로부터 연락을 받았다며 검문소 통과를 허락해 줬다. 우리는 안도의 한숨을 내쉬며 다시 차를 몰았다. 모든 신경이 곤두서며 숨소리조차 크게 들리는 듯했고, 온몸이 긴장으로 굳어졌다.

위병이 가리킨 방향으로 달리자, 낡았지만 군사적 권위가 느껴지는 건물이 모습을 드러냈다. 건물 주변은 높은 철책으로 둘러싸여 있었고, 중앙에는 또 다른 초소가 위치해 있었다. 초소에 도착하자, 나는 명예영사와 함께 차량에서 내려 초소병에게 다가갔다. 상황이 긴박했지만, 나는 최대한 침착함을 유지하며 말했다.

"한국 정부가 보낸 영사입니다. 우리 국민과 영사 면담을 하기 위해 왔습니다." 내 말이 채 끝나기도 전에, 초소병은 우리를 의심스러운 눈빛으로 노려보며 총을 겨누었다. 예상치 못한 그의 반응에 순간 당황했지만, 침착함을 유지하려 애썼다. 외교관 신분을 밝힘에도 불구하고, 초소병은 여전히 총을 내리지 않았다. 순간 주변이 고요해진 듯, 초소병의 숨소리만이 들렸다.

옆에 있던 명예영사가 상황을 진정시키기 위해 자신이 누구인지 밝히며, 정중하게 총을 내려달라고 요청했다. 다행히도 명예영사의 신분을 알아본 초소병은 마침내 서서히 총을 내렸다. 나는 다시 한번 우리의 목적을 설명했다.

"저는 세네갈 대사관의 강행구 영사입니다. 우리 국민의 안전을 확인하기 위해 왔습니다. 이 사실을 상급자에게 보고해 주세요."

초소병은 잠시 나를 응시하더니, 결심한 듯 초소에 설치된 전화기로 내부와 연락을 취했다. 몇 분이 흐른 후, 상급자로 보이는 군인이 무거운 발걸음으로 다가왔다. 그의 표정은 굳어 있었으며, 태도는 강압적이었고, 어투는 단호했다.

"여기는 군사 보안시설입니다. 일반인은 접근할 수 없습니다."

긴장이 고조되었지만, 겉으로는 침착한 모습을 유지하며 나는 차분한 어조로 다시 말했다.

"저는 대한민국 외교관입니다. 비엔나 영사협약에 따라 우리 국민과의 면담을 요청합니다."

그러나 그의 반응은 더욱 강경했다.

"현재 국가비상사태가 선포된 상황으로, 이곳에서 국가 안보와 관련된 다수의 인원이 조사를 받고 있어 영사 면담은 불가능합니다." 그의 말투는 협상의 여지가 없다는 것을 분명히 하고 있었다. 그의 단호한 태도에 심장이 두근거렸다. 지금으로서는 이곳에서 더 이상의 대화가 불가능할 것이라는 직감이 강하게 들었다.

급기야 그는 차량이 이곳을 즉시 떠날 것을 강하게 지시했다. 우리는 어쩔 수 없이 차량을 돌려, 처음 들어왔던 정문으로 돌아갈 수밖에 없었다. 나는 이번 시도가 실패로 끝났다는 사실을 인정하면서도, 어떻게든 이 상황을 해결해야 한다는 생각만이 머릿속에 가득했다. 돌아가는 동안에도 계속 한 생각만이 이어졌다.

이후, 나는 말리 법인의 현지 직원에게 연락해, 국방부의 고위 관계자를 통해 국가보안부의 동향을 파악해 달라고 요청했다. 이 정보가 문제 해결의 열쇠가 될 것으로 판단했다. 상황의 민감성을 고려해, 정보 수집이 매우 신중하게 이루어져야 한다는 점도 강조했다.

얼마 지나지 않아, 현지 직원에게서 연락이 왔다. 국방부의 관계자가 신군부 측의 움직임을 주의 깊게 모니터링하고 있다는 소식이었다. 그러나 그 관계자가 정보를 제공하는 대가로 금전을 요구했다는 사실도 함께 전해왔다. 그동안의 경험을 통해 이러한 상황에서 비용이 발생할 수 있음을 예상하였기에, 이를 받아들이기로 했다. 오늘 아침에도 국방부 관계자가 국가보안부와 밀접한 관계를 유지하는 것을 확인했기에, 그와 협력해 신속히 정보를 확보하는 것이 최우선이라 판단했다.

법인장의 안전을 위해 가능한 모든 수단을 동원해야 했으며, 무엇보다 중요한 것은 필요한 정보를 신속히 확보해 대응하는 일이었다.

나는 우리 기업 본사에 전화를 걸어 현재 상황을 전달했다.
"지금 법인장이 억류되어 있는 국가보안부에 나와 있습니다. 영사 면담을 시도했으나, 강하게 거부당해 당장 해결하기는 어려울 것 같습니다."
"영사님, 현지 직원을 통해 국방부 관계자가 금전을 요구했다는 소식을 들었습니다. 법인장의 석방을 위해 필요한 비용은 아끼지 않겠습니다." 본사의 적극적인 지원 의사를 듣고 마음이 놓였다. 나는 현지 직원에게 즉시 연락해 지시를 내렸다.

"본사와 협의가 끝났으니, 국방부 고위 관계자에게 필요한 지원을 신속히 진행해 주세요. 법인장을 하루빨리 구출해야 합니다."

그 후, 나는 바마코 시내의 한 아시안 식당으로 교민들을 만나러 이동했다. 말리 내전이 발발한 직후, 시내 곳곳에 군인들이 배치되었고, 공포와 혼란이 일상화되면서 대부분의 교민과 기업인들은 서둘러 한국으로 귀국하거나 다른 나라로 피신했다. 그러나 여러 이유로 바마코에 10여 명의 교민이 남아 있었다.

내전이 시작되자마자, 우리 대사관은 즉각적인 대응에 나섰다. 에어프랑스와 협력해 많은 기업인을 파리로 안전하게 대피시켰으며, 일부 교민들은 말리와 인접한 코트디부아르와 세네갈로 이동했다. 대사관은 이들 국가의 한인회와 협력해 말리에서 탈출한 이들에게 숙식 등 임시 지원을 제공했다.

아프리카, 특히 사헬 이남 지역에서는 군부 쿠데타가 빈번하게 발생한다. 이 지역에 거주하는 교민들은 과거 여러 차례의 쿠데타를 겪었기에 이러한 상황에 비교적 익숙해졌다. 이로 인해 이웃 나라에서 피신 온 교민들에게 적극적이고 따뜻한 지원을 아끼지 않았다.

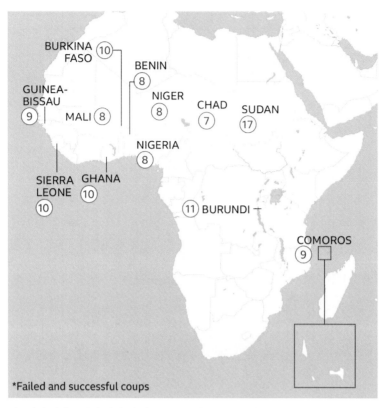

아프리카 최다 쿠데타 발행 현황(2022년 기준), 출처: BBC(자료 제공: Jonathan Powell and Clayton Thyne)

말리에 남아 있는 우리 국민은 오랜 기간 선교 활동을 해온 부부와 바마코에서 사업을 운영하는 교민 기업인들이 주를 이루고 있었다. 이번 만남은 교민들이 서로의 상황을 점검하고, 비상사태에 대비한 구체적인 탈출 계획을 세우기 위함이었다.

나는 교민들과의 자리에서 말리의 정치적 불안정과 내전으로 인해 치안이 악화되고 있음을 설명했다. 그러자 한 교민이 걱정스러운 얼굴로 내게 물었다.

"상황이 더 나빠지면 바로 이동할 계획이 있나요?"

"우리 대사관도 철수 계획을 이미 준비해 두었습니다. 사태가 악화될 경우를 대비해 바마코 시내에 1차 집결지, 공항 인근에 2차 집결지를 정해 놓았습니다."

구체적으로 설명했지만, 교민들은 여전히 불안을 떨치지 못했다. 다른 교민이 다시 질문했다.

"영사님, 집결지는 안전한가요?"

"네, 여기 계신 선교사님 부부의 도움을 받아 신중하게 집결지를 선정했습니다. 상황이 더 악화되면 프랑스 군용기를 이용해 철수할 계획입니다. 프랑스 대사관과 협의하여 우리 국민도 프랑스 자국민과 함께 철수할 수 있게 준비해 두었습니다."

그러자 또 다른 교민의 질문이 이어졌다.

"프랑스 군용기를 이용해 철수하는 것이 확실한가요?"

"프랑스는 이 지역에서 여전히 강한 영향력을 행사하고 있습니다. 우리 대사관은 주말리 프랑스 대사관과 긴밀히 협의해 왔으며, 프랑스 측도 협조를 약속했습니다."

나는 확신을 담아 교민들을 안심시켰지만, 그들의 불안은 여전히 가시지 않았다.

또 다른 교민이 물었다.

"지금 상황이 얼마나 심각한가요?"

"현재 말리는 내전 상태입니다. 우리 대사관은 여러분의 안전을 최우선으로 고려해 가능한 모든 수단을 동원하고 있습니다. 비상 상황에 대비해 즉각 대응할 준비를 하고 있으니, 방심하시면 안 됩니다." 나는 교민들에게 현재 상황이 얼마나 위태로운지 경각심을 일깨워 주고 싶었다.

내 말에 "우리도 준비하겠습니다"라며 한 교민이 결의에 찬 목소리로 답했다.

"네, 여러분의 협조가 필요합니다. 언제든지 이동할 수 있도록 준비해 주세요."

약간의 정적이 흘렀다. 또 다른 교민이 질문을 했다.

"상황이 급변하면 바로 연락할 방법이 있나요?"

"네, 대사관에서 긴급 연락망을 구축해 두었습니다. 상황이 급변하면 즉시 연락해 주세요. 빠르게 대응할 수 있도록 준비되어 있습니다."

그러나 선교사 부부는 내게 다른 의견을 내비쳤다.

"우리는 말리에서 대부분의 삶을 보냈습니다. 이곳 사람들을 가족처럼 여겨 왔기에, 여기가 우리의 터전입니다. 떠날 수 없습니다."

부부는 이곳을 떠날 수 없다는 결심을 조심스럽게 밝혔다.

나는 선교사 부부의 결정을 존중하면서도, 안전을 위해 철저한 대비가 필요함을 강조했다.

"말리는 아직 여행 금지 구역으로 지정되지 않아, 정부가 대피를 강제할 수는 없습니다. 하지만 상황이 더 나빠질 가능성에 대비해, 안전한 대피 계획을 세워 두는 것이 중요합니다. 무엇보다도 여러분의 안전이 최우선입니다. 필요할 때는 언제든지 도움을 요청해 주세요"라며 단호하게 말했다.

그러자 선교사 부부도 내 말에 "네, 영사님. 저희도 만약의 상황에 대비해 준비는 하겠습니다. 그러나 지금은 이곳을 지키고 싶습니다"라며 신중한 표정으로 말했다.

교민들과의 만남이 끝나갈 무렵, 현지 직원에게서 긴급한 전화가 왔다. 국가보안부 내부에서 평소와 다른 움직임이 포착되었고, 상부의 지시에 따라 우리 법인장의 석방이 고려되고 있다는 소식이었다. 이 소식은 나에게 큰 희망을 불러일으켰다. 나는 즉시 쿨리발리에게 전화를 걸었다. 그도 오늘 안에 우리 기업인이 석방될 가능성이 크다는 희망적인 소식을 전했다. 이 말을 듣자, 나는 더 이상 지체할 수 없다고 판단했다.

쿨리발리에게 "제가 지금 바로 우리 기업인을 만나러 가겠습니다. 영사 면담이 허용될 수 있도록 윗선에 다시 보고해 주세요"라고 요청한 후, 즉시 국가보안부로 출발했다. 지금은 신속하게 움직이는 것이 무엇보다 중요하다고 생각했기 때문이다.

교민들에게는 우리 기업인의 억류 상황을 구체적으로 설명하지 않았지만, 그들은 이미 상황의 심각성을 어느 정도 짐작하고 있는 듯했다. 이에 나는 "말리 신군부에 의해 우리 국민 한 분이 강제로 억류된 상태입니다. 신변 안전에 각별히 유의해 주세요"라고 당부했다.

국가보안부로 향하는 길은 긴장과 기대가 뒤섞인 순간이었다. 이번에는 정말로 우리 기업인을 구할 수 있을 것이라는 희망이 한층 커졌다. 나는 주위를 살피며, 사소한 움직임조차 예리하게 관찰했다. 어떤 변수가 발생할지 모르는 상황에서 모든 가능성에 대비하며 상황을 주의 깊게 지켜보았다.

우리 차량은 국방부 검문소를 조심스럽게 통과한 뒤, 국가보안부 앞에 도착했다. 처음 방문했을 때와는 달리, 이번에는 초소병의 태도가 한결 부드러워 보였다. 차에서 내린 나는 초소병에게 다가갔다. 그때, 사복 차림의 한 직원이 나와 말을 걸었다.

"한국 대사관에서 오셨습니까?" 그의 말투에는 약간의 친절함이 묻어 있었다.

"예, 대사관의 강 영사입니다. 우리 기업인과 영사 면담을 위해 왔습니다."

그는 잠시 머뭇거리며 "조사가 거의 끝나갑니다. 이르면 오늘 중으로 마무리될 겁니다"라고 말했다. 순간, 나는 이번 기회를 놓치지 않겠다고 결심했다.

"제가 잠시 우리 국민을 직접 볼 수 있을까요? 우리 국민의 건강 상태를 확인하고 싶습니다." 나는 그의 눈빛을 살폈으나, 감정을 읽어내기 어려웠다. 이내 그는 나를 똑바로 바라보며 차분히 대답했다.

"한 사람만 가능합니다. 지금 당장은 어렵지만, 안에서 대기하시면 면담이 이루어지도록 해보겠습니다." 나는 그의 말에 고개를 끄덕이며 감사의 인사를 전했다. 긴장된 순간이었지만, 상황이 조금씩 풀리고 있다는 느낌이 들었다.

이윽고 보안부 직원을 따라 초소를 지나 오래된 건물로 들어섰다. 건물 내부는 어둡고, 벽에는 금이 가 있었으며, 오랜 세월 동안 수리되지 않은 것처럼 보였다. 내부에서는 군인들이 무거운 발소리를 내며 걸어가고 있었다.

군인들의 중무장은 이곳이 평범한 장소가 아님을 분명히 느끼게 했다. 긴장감이 커졌지만, 나는 표정에 동요를 드러내지 않고 차분함을 유지하려 애썼다. 보안부 직원은 나에게 건물 출입구에 있는 긴 벤치에 앉아 기다리라고 말한 후, 건물 안쪽으로 사라졌다. 한 시간이 지나도 아무도 나를 찾지 않았다. 복면을 쓴 채 무장 군인들에 의해 이동하는 사람들만이 드문드문 보였다. 그들을 바라보며 이곳이 단순한 범죄자들을 다루는 곳이 아니라는 것을 느낄 수 있었다. 시간이 흐를수록 내 마음은 점점 더 불안해졌다. 초조해진 나는 다시 쿨리발리에게 전화를 걸었다.

"지금 한 시간째 기다리고 있습니다. 언제쯤 우리 국민을 만날 수 있을까요?" 쿨리발리는 조사가 거의 끝나가니 조금만 더 기다려 달라고 했다. 나는 책임자를 만날 수 있느냐고 물었고, 그는 책임자에게 이야기를 전달하겠다고 답했다.

잠시 후, 사복을 입은 남자가 다가와 자신을 국가보안부 수사팀장이라고 소개했다. 그는 곧 우리 국민을 만날 수 있을 거라며 조금만 더 기다려 달라고 말했다. 그의 말에 약간의 안도감을 느꼈지만, 시간이 흐를수록 내부에서 무슨 일이 벌어지고 있는지 알 수 없어 답답하기만 했다. 아무것도 할 수 없는 처지에서 불안감은 더욱 커져 갔다.

얼마가 지났을까. 쿨리발리가 나를 건물 안쪽으로 안내했다. 드디어 법인장을 만나는 순간이 온 것이다. 복잡하고 좁은 복도를 지나 작은 사무실에 도착하자, 쿨리발리는 잠시 기다리라고 하며 우리 국민을 데리고 오겠다고 했다. 나는 작은 책상 앞에 앉아 긴장된 마음으로 그를 기다렸다. 마침내 법인장이 문을 열고 들어왔다.

"법인장님, 강 영사입니다. 건강은 좀 어떠세요?" 내가 반갑게 다가가며 인사했지만, 그는 고개만 가볍게 끄덕일 뿐 아무 말도 하지 않았다.

"그동안 신체적으로는 큰 문제 없이 지내셨나요?" 나는 조심스럽게 다시 물었다. 그러나 법인장은 여전히 내 얼굴만 바라보며, 마치 감시당하는 듯 겁에 질린 표정을 지었다. 그의 얼굴에는 그동안 겪어온 정신적 고통의 흔적이 뚜렷이 드러나 있었다.

"법인장님, 오늘 중으로 석방될 가능성이 있다고 합니다. 조금만 더 힘내세요. 제가 끝까지 곁을 지키겠습니다. 우리 함께 집으로 돌아가요." 나의 위로에 법인장은 금방이라도 눈물을 흘릴 것 같은 표정을 지었다.

"우리 대사관이 말리 정부와 신군부 측에 법인장님의 빠른 석방을 계속해서 요청하고 있습니다. 서부 아프리카경제공동체(ECOWAS)와 국제사회 또한 이번 일을 주시하고 있습니다. 조금만 더 힘내세요." 나는 그의 눈에 희망을 불어넣기 위해 애썼다.

십여 분 동안의 짧은 면담에서 법인장은 끝내 한마디도 하지 않았지만, 그의 눈빛만으로도 나에 대한 고마움을 충분히 느낄 수 있었다. 면담을 마치고 나오며 나는 수사팀장을 찾아 법인장의 강제 구금 이유와 석방 가능 시기를 물었다.

수사팀장은 "법인장이 국가비상사태에 따른 전략자산 징발 명령을 거부한 혐의로 조사를 받았습니다. 현재 조사는 모두 끝났으며, 상부의 최종 승인만 남아 있습니다. 곧 석방될 예정입니다"라고 설명했다.

그의 말을 듣고 나는 단호하게 말했다. "법인장이 석방될 때까지 이곳에서 기다리겠습니다."
수사팀장은 법인장을 안전하게 자택까지 호송하겠다고 하며 나에게 귀가를 권했다. 하지만 나는 결연한 의지를 보이며, "아닙니다. 법인장이 나올 때까지 밖에서 기다리겠습니다. 가능한 한 빠르게 석방이 이루어지길 바랍니다"라고 요청했다.

나는 곧 국가보안부 건물을 나와, 대기 중이던 명예영사가 있는 차량으로 향했다. 해가 저물며, 시계는 어느덧 오후 여섯 시를 넘기고 있었다. 초조한 마음으로 두 시간을 더 기다린 끝에, 밤 8시 무렵 마침내 우리 법인장이 국가보안부 정문을 통해 모습을 드러냈다. 그 순간, 안도와 긴장이 교차하며 복잡한 감정이 밀려들었다. 그가 석방되며 모든 노력이 결실을 맺었다는 생각이 들었지만, 법인장의 얼굴에는 여전히 피로와 긴장이 가득했다.

수사팀장이 법인장을 나에게 인도하며 그를 집까지 데려다주겠다고 했지만, 나는 우리 차량으로 함께 가겠다고 했다. 결국, 우리는 법인장과 함께 차량에 올랐다. 차에 타자, 법인장은 처음으로 안도한 표정을 짓고는, 예상치 못한 말을 꺼냈다.

"강 영사님, 뭘 드시고 싶으세요? 제가 집에서 김치찌개를 끓여 드리겠습니다." 첫 마디가 김치찌개라니, 나는 순간 귀를 의심하며 웃음을 터뜨렸다.

"김치찌개요? 제가 직접 끓여 드릴게요. 아니면 근처 식당으로 가서도 되고요."

그러나 법인장은 진지한 표정으로 간곡히 말했다. "아닙니다. 꼭 김치찌개를 끓여서 함께 먹고 싶습니다. 절대 거절하지 말아 주세요."

그의 진심 어린 부탁에 나는 고개를 끄덕였다. "알겠습니다. 그럼 식사하면서 무슨 일이 있었는지 이야기 나누죠."

법인장 집에 도착하자 그는 말할 틈도 없이 곧바로 김치찌개를 준비하기 시작했다. 김치찌개와 마른 김, 여러 반찬을 정성껏 차리며, 그의 얼굴에는 비로소 평온한 미소가 번졌다.

"김치찌개… 정말 오랜만에 먹네요. 감사합니다." 내가 웃으며 말을 건네자, 법인장은 "이렇게라도 제 감사의 마음을 전하고 싶었습니다. 많이 드세요"라고 답했다.

"법인장님, 그동안 무슨 일이 있었나요? 공항에서 사복을 입은 사람들에게 갑자기 잡혀갔다고 들었습니다."

법인장은 김치찌개를 조용히 한 순가락 뜨며 이야기를 시작했다. "그날 공항에서 출국 수속을 받고 있었습니다. 그런데, 갑자기 사복을 입은 사람들이 다가와 저를 둘러쌌습니다. 처음엔 뭔가 잘못된 줄 알았죠. 하지만 곧바로 그들이 신군부 소속이라는 걸 깨달았습니다."

그는 잠시 숨을 고르며 말을 이었다. "말리의 내전 상황에서 군부가 우리 법인의 차량을 강제로 징발하려 했던 건 아시죠. 그 와중에 현지 투자자가 군부와 결탁해 우리 법인을 빼앗으려 했습니다. 이를 알아채고 모로코로 피신하려 했으나, 신군부가 '국가비상사태하 전쟁 물자 징수 불응죄'를 적용해 저를 감금했어요. 그리고는 끊임없이 법인 재산을 포기하는 서류에 서명하라고 강요했습니다." 그의 목소리에는 여전히 두려움과 지친 기색이 묻어났다.

그의 이야기를 들으며, 나는 그가 겪은 고통의 깊이를 실감했다.

"정말 힘드셨을 텐데, 끝까지 잘 견뎌내셨습니다. 존경스럽습니다.” 나는 그의 눈을 마주 보며 진심으로 격려했다.

　법인장은 당시를 떠올리며 차분히 말을 이어갔다. “처음에는 너무 두려워 서명할까도 생각했어요. 하지만 우리 기업이 말리에 자리 잡기까지 겪은 수많은 어려움을 생각하니 쉽게 포기할 수 없더군요. 법인의 노력이 헛되지 않도록 끝까지 버티기로 결심했죠. 그러던 중, 처음에는 강압적이던 그들의 태도가 어제부터 조금씩 변하는 걸 느꼈습니다. 이곳에 다른 국적의 사람들도 있었는데, 한 모로코인은 한 달 가까이 잡혀 있었지만, 그의 정부에서 아무도 찾지 않았다고 하더군요. 그런데 제가 이곳에 들어온 지 얼마 지나지 않아 한국 정부에서 사람이 왔다는 소식을 들었어요. 그때부터 저를 대하는 태도가 조금씩 달라지기 시작했어요. 다른 수감자들도 놀랐고, 저 역시 이렇게 빨리 누군가 올 줄은 몰랐습니다. 정말 감사드립니다.”

　“제가 방문했을 때 왜 아무 말씀도 없으셨나요? 그래서 혹시 협박을 받고 있는 게 아닌지 걱정했습니다.”
　“그런 건 아니었습니다. 오늘 오전부터 이곳 사람들이 계속 외부와 통화하는 걸 봤어요. 평소보다 훨씬 분주하게 움직였죠. 그리고 한국 대사관 영사가 와 있다는 소리도 들렸습니다. 그래서 곧 나갈 수도 있겠다고 생각했어요. 그때까지는 불필요한 오해를 피하려고 최대한 조심했던 겁니다.”
　“그랬군요. 정말 현명하게 대처하셨습니다.” 나는 그의 말을 듣고 안도의 한숨을 내쉬며, 그가 얼마나 신중하게 상황을 처리했는지에 대해 감탄했다.

그렇게 우리는 많은 이야기를 나누며 긴 하루를 마무리했다. 지난밤 거의 잠을 이루지 못한 탓에, 쌓였던 긴장이 풀린 나는 토요일 오전 내내 깊은 잠에 빠졌다.

오후가 되자 호텔을 나와 다시 교민들을 만났다. 그들의 얼굴에는 여전히 걱정과 불안이 가득했다. 법인장이 석방되어 마음이 한결 가벼워졌지만, 여전히 불안정한 말리의 상황에서 교민들의 안전을 완전히 보장할 수는 없어 긴장을 늦출 수 없었다. 우리는 안전 가옥의 위치를 다시 한번 꼼꼼히 검토했다.

그때 명예영사가 자신의 집을 피신처로 제공하겠다고 제안했다. "집이 넓고 경비도 잘 되어 있으니, 교민들이 머무는 데 큰 문제가 없을 겁니다." 그의 제안은 큰 도움이 되었다.
나는 그의 말을 받아들이며 말했다. "그럼 선교사님이 제시한 안전 가옥을 최우선으로 하고, Mr. 시마가의 자택을 대안으로 준비하시죠." 이렇게 해서 교민들의 안전을 위한 피난처 준비가 마무리되었다.

선교사 부부는 비상식량까지 자신들이 미리 준비하겠다고 했다. 처음 그들이 이곳을 떠날 수 없다고 했을 때, 그 결정을 존중하면서도 우려가 있었던 게 사실이었다. 하지만 말리에서 오랜 세월을 살아온 그들은 현지 사정에 누구보다 밝았고, 그들의 헌신

덕분에 교민들의 안전 대책도 마련할 수 있었다. 선교사 부부와 명예영사의 협력 덕분에 안전망이 한층 강화되었고, 교민들 역시 조금이나마 안도하는 모습이었다.

"정말 감사합니다, 선교사님. 덕분에 마음이 놓입니다." 감사의 인사를 건네자, 선교사는 진심 어린 목소리로 답했다.

"저희는 이곳을 떠날 수는 없지만, 여러분의 안전을 위해 할 수 있는 모든 것을 돕겠습니다."

그렇게 일요일 오후 일정을 마무리하고 숙소로 돌아왔다.

다음 날, 바마코에서의 모든 일정을 정리하고 세네갈로 복귀할 준비를 마쳤다. 공항에 가기 전, 말리 외교부를 다시 찾아 차관과 면담했다.

"차관님, 이번 사건이 재발하지 않도록 외교부 차원의 각별한 관심과 협조를 부탁드립니다. 내전이 악화되고 있는 만큼 아직 남아 있는 우리 국민들의 안전을 위해 말리 정부의 적극적인 지원이 절실합니다." 나는 정중하게 요청했다.

차관은 고개를 끄덕이며 "강 영사님, 주말 동안 저도 한국인 기업인의 석방을 위해 많은 노력을 기울였습니다. 장관님께서도 이번 사안에 깊이 우려하고 계셨습니다. 다만, 오늘은 아디스아바바에서 열리는 말리 공여국 회의 준비로 인해 장관님과의 면담이 어려울 것 같습니다."

"이해합니다, 차관님. 장관님께도 저희의 요청을 꼭 전해주시길 부탁드립니다. 이제 공항으로 이동하겠습니다."

차관과의 면담을 마친 후, 나는 곧바로 공항으로 향했다. 이번 사건은 예상보다 빠르게 해결되었다. 이 과정에서 현장에 있는 영사의 빠른 판단과 기민한 대응이 얼마나 중요한지 다시 한번 실감했다.

세네갈에 도착하자마자, 나는 말리 정부에 우리 국민과 기업의 안전 보장을 서면으로 요구했다. 여러 차례 요청 끝에, 말리 정부로부터 이례적으로 안전 보장을 문서로 확약받았다. 이번 사태는 우리 기업에 큰 위기였지만, 동시에 말리 정부와 신뢰를 쌓고 현지 인지도를 높이는 계기가 되었다.

그해 4월, 우리 기업은 말리 최초의 자동차 조립공장을 성공적으로 설립하며 말리 경제에 크게 기여했다. 이를 통해 우리 기업은 현지에서의 입지를 더욱 강화했고, 말리 정부와의 관계도 한층 깊어졌다. 이번 사건은 단순한 위기를 넘어, 양국 간 경제 협력을 더욱 공고히 하는 전환점이 되었다.

세네갈 통관 문제 해결
— 영사의 협상과 국민의 재산 보호 —

2013년 4월, 대사관 인근에서 식사를 마치고 대서양에서 불어오는 시원한 바람을 맞으며 여유롭게 걷던 중 전화벨이 울렸다. 전화를 건 사람은 한 선교사였다.

"여보세요? 영사님, 이삿짐 문제로 좀 도움을 받을 수 있을까 해서요."

그의 목소리에서 당황한 기색이 역력했다. 나는 조용히 그에게 상황을 물었다.

"무슨 일인가요? 차분히 설명해 보세요. 어떤 문제가 생긴 겁니까?"

"짐이 도착했는데 세관에서 터무니없이 큰 금액을 요구하고 있습니다. 물건값의 거의 세 배나 되는 벌금과 세금이 부과됐다고 합니다. 세관 통관 대리인을 통해서도 방법을 찾아보았지만, 결국 이 돈을 내지 않으면 짐을 찾을 수 없다고 합니다. 이 정도 금액을 내느니 차라리 포기하는 게 나을 것 같다는 생각이 들 정도입니다."

그의 목소리는 점점 더 급해졌고, 무력감에 빠진 듯했다. 잠시 침묵이 흘렀고, 나는 그가 진정할 시간을 주었다.

"그래서 대사관에 전화를 드렸습니다. 솔직히 말씀드리면, 개인 이삿짐 문제까지 대사관에서 해결해 줄 수 있을까… 잘 모르겠어요. 그런데 혹시나 해서요."

그는 마지막 희망으로 나에게 전화를 건 것 같았다.

"이삿짐이 무엇인가요?" 나는 조심스럽게 물었다.

"5 큐빅 상당의 생활용품입니다. 대부분이 이곳에서 정착하기 위해 보낸 물건들입니다." 그의 이야기를 듣고 나니 그가 상당히 난처한 상황에 처해 있다는 것을 알 수 있었다.

"세관 관계자와 직접 만나 해결 방안을 찾아보겠습니다. 너무 걱정하지 마시고 조금만 기다려 주세요."

선교사는 잠시 망설이다가 조심스럽게 물었다. "정말… 가능할까요? 이게 제 개인적인 문제라서 부담이 됩니다."

그의 말에서 공관에 개인적인 부탁을 하는 것에 대해 죄송스러워하는 마음이 느껴졌다. 나는 그의 부담을 덜어주고 안심시키기 위해 노력했다.

"선교사님, 대사관은 언제나 우리 국민의 어려움을 돕기 위해 준비되어 있습니다. 이삿짐이든 다른 일이든, 교민의 문제는 곧 대사관의 문제입니다. 제가 힘닿는 데까지 노력해 보겠습니다. 곧 연락 드리겠습니다."

그제야 선교사의 목소리에 안도의 기운이 스며들었다.

"정말 감사합니다, 영사님. 기다리고 있겠습니다."

전화를 끊고 나니, 이 문제의 무게가 더 크게 다가왔다. 세관 관계자와의 만남이 이 상황 해결의 중요한 분수령이 될 것임을 직감했다.

사실, 선교사가 말했던 것처럼 개인적인 이삿짐 문제에 대해 대사관이 도움을 주는 것은 영사의 조력 범위를 벗어나는 일이었다. 그러나 그는 여러 방법을 시도했지만, 결국 이삿짐을 잃을 위기에 처해 있었다.

그가 절박한 심정으로 도움을 요청한 상황에서, 단순히 규정만을 따져 거절할 수는 없었다. 특히 이삿짐이 단순한 물건이 아니라 가족의 생계와 직결된다는 점을 고려하면, 짐을 찾지 못하면 발생할 수 있는 여러 상황을 무시할 수 없었다.

규정의 한계를 알지만, 그를 돕는 것이 인간적으로 더 중요한 일이라 판단했다. 문제를 해결하지 못하더라도 시도는 해봐야 했으며, 아무런 시도도 하지 않는 것은 나의 신념에 어긋나는 일이었다.

며칠 뒤, 나는 세관 최고 책임자와 면담을 약속했다. 어떤 결론이 나올지는 알 수 없었지만, 모든 것이 이 면담에 달려 있다고 생각하니 가슴이 두근거렸다.

"안녕하세요. 시간을 내주서서 감사합니다. 우리 국민은 이곳에 선교 활동을 위해 머무르고 있으며, 어떠한 상업적 의도는 전혀 없습니다. 이삿짐은 대부분 가정에서 사용하는 가재도구로, 영리 목적이 아님을 분명히 말씀드립니다."

그러나 책임자는 개봉되지 않은 박스들이 다수 발견된 것을 근거로 상업적 의도가 있다고 주장했다. 그는 통관 서류를 펼쳐 보이며 단호한 목소리로 말했다. "이 물건에 부과된 세금과 벌금은 세네갈 법에 따라 정당하게 부과된 것입니다."

나는 그의 설명을 들으며 그가 내미는 서류를 차분히 살펴보았다. 그때, 눈에 띄는 이상한 수치가 발견되었다. 이사물품 일부의 수량이 실제와 다르게 기재되어 있었던 것이다. 이 순간이 협상을 돌파할 기회임을 직감했다.

나는 문제를 차분한 목소리로 지적했다. "여기 보십시오. 이 서류에 기재된 물품 수량이 실제와 다릅니다. 이러한 오류로 인해 잘못된 관세가 부과된 것 같습니다."

책임자는 서류를 다시 확인하더니 놀란 기색을 감추지 못했다. 잠시 침묵이 흐른 후, 그는 고개를 끄덕이며 실수를 인정했다. "맞습니다. 저희 측에서 실수가 있었습니다."

그가 실수를 인정하며 협상이 빠르게 진전되었다. 나는 벌금을 면제받고 통관비만 정상적으로 지불할 의사가 있음을 내비쳤다. 그러나 그 순간, 뜻밖의 제안이 나왔다.

책임자는 자신들의 실수가 있었던 만큼 모든 통관 절차를 무료로 처리하겠다고 약속했다. 더 나아가, 벌금과 세금 역시 전부 면제하겠다고 했다. 이는 매우 이례적인 일이었고, 동석한 선교사의 통관 대리인도 그 사실에 놀라움을 감추지 못했다. 그는 "세관 측에서 실수를 인정하는 것도 드문 일인데, 모든 비용을 면제해 주는 것은 거의 전례가 없는 일"이라고 설명했다.

다음 날, 선교사는 한 달 넘게 세관 창고에 방치되었던 물품을 마침내 되찾았다. 그는 그동안의 피로와 걱정이 한순간에 사라진 듯, 짐을 찾고 나서 여러 차례 감사의 전화를 걸어왔다. 그의 목소리에는 안도와 기쁨이 가득했다. 나 역시 그가 무사히 물품을 되찾고 가족과 함께 새로운 출발을 할 수 있게 되어 마음이 한결 가벼워졌다.

그 일을 마무리한 후, 세관 고위 책임자에게 점심을 제안했다. 그의 과감한 선처에 감사하며, 앞으로의 협력 관계를 다지기 위함이었다. 세관과의 협력은 교민들이 겪을 문제를 해결하는 데 중요한 역할을 할 것이기에, 신뢰 구축이 필수적이라고 판단했다.

곤경에 처한 코이카 단원 구출기

       세네갈에서의 지난 몇 년은 여러 도전이 있었지만, 풍부한 해산물과 따뜻한 사람들, 그리고 끝없이 펼쳐진 대서양의 푸른 바다 덕분에 풍요로운 삶을 누릴 수 있었다. 특히, 갓 잡아 올린 신선한 해산물은 우리 가족의 식탁을 더없이 풍성하게 해주었다. 그렇게 세네갈에서의 소중한 시간이 마무리되어 가던 2014년 2월 어느 날, 예상치 못한 사건이 발생했다. 세네갈 북부 생루이에서 봉사 활동 중이던 코이카 단원이 절도 혐의로 체포되었다는 소식이 전해졌다. 그 봉사단원은 2013년 하반기에 생루이 대학교와 협력해 태권도 대회와 한국 영화제를 개최할 때 큰 도움을 주었던, 활발하고 성실한 사람이었다. 그렇기에 그 단원이 절도 사건에 연루되었다는 사실이 믿기지 않았다.

  생루이는 과거 식민지 시절의 수도로, 문화예술의 중심지로 알려진 곳이다. 하지만 현재 수도인 다카르에서 5시간 이상 떨어져 있으며, 도로 상태도 좋지 않아 접근이 쉽지 않은 지역이었다.

코이카 봉사단원들이 활동하는 지방 오지는 대중교통이 거의 없어, 2년 동안 그곳에 머무르며 활동하는 것은 열정과 도전 정신 없이는 힘든 일이다. 그래서 이번 사건의 배경이 더욱 궁금해졌다. 이를 위해서는 이 사건의 경위를 확인하는 것이 무엇보다 중요했다. 봉사단원이 처한 상황과 법적 문제가 있는지, 그리고 필요한 지원이 무엇인지 신속히 파악해야 했다.

나는 곧바로 대사관 인근의 코이카 사무소로 향했다. 코이카 소장은 당혹스러운 표정으로 나를 맞으며 "상황이 매우 심각합니다."라고 말했다. 코이카 측에서도 현지 유력 인사들에게 도움을 요청했지만, 성과를 얻지 못한 상황이었다. 나는 즉시 단원이 처음 체포된 경찰서에 연락을 시도했다. 여러 번의 시도 끝에, 한 경찰관과 겨우 통화가 연결되었다. 하지만 그는 단원이 이미 구치소로 이송되었다고 전해왔다.

단순 절도 혐의로 체포되었는데, 구치소로 이송된 것이 이례적일 정도로 빨랐다. 나는 그에게 "왜 이렇게 신속하게 이송되었습니까?"라고 물었지만, 그는 윗선의 지시였다고만 답했다.

상황이 점점 무겁게 느껴졌다. 더 이상의 진전이 없다고 판단한 나는 다음 날 아침 일찍 셍루이로 직접 가기로 결심했다. 현장에서 직접 확인하지 않으면 안 될 문제였다. 출장 준비를 하며 마음이 복잡해지던 중, 기니에서 또 다른 긴급 연락이 왔다. 한 국민의 아들이 절도 혐의로 현지 경찰에 체포되었다는 소식이었다. 전화를 건 어머니는 아들이 억울하게 체포되었다며, 같은 한국인이 허위로 신고한 것이라고 주장했다. 하지만 이 사건은 우리 국민들 간의 분쟁이었기에, 단순히 민원인의 주장을 믿고 섣불리 개입할 수 없었다. 상황을 정확히 파악하는 것이 우선이었다.

나는 곧바로 기니 한인회장에게 연락해 사건의 전후 상황을 확인했다. 그의 이야기는 민원인의 주장과는 다른 부분이 있었다. 사건이 복잡하게 얽혀 있음을 직감했지만, 나는 법적으로 국민의 범죄 여부를 판단할 권한이 없었다. 대신 체포 과정의 적법성 여부와 인권 침해가 있었는지 확인하고, 신속한 재판을 지원하는 것이 나의 역할이었다.

두 사건이 동시에 발생하면서 고민이 깊어졌으나, 상황의 긴급성을 고려해 셍루이 봉사단원의 문제를 먼저 해결하기로 했다. 기니 사건은 현지에서 영향력이 큰 명예영사에게 맡기기로 했다.

즉시 그에게 전화를 걸어 상황을 설명했다.
"기니에서 우리 국민이 체포되었습니다. 제가 직접 갈 수 없으니, 구치소에 가서 건강 상태와 사유를 확인하고, 절차가 적법했는지도 살펴봐 주세요. 필요한 지원이 있다면 적극적으로 협조 부탁드립니다."
명예영사는 상황을 신중히 듣고, 즉각 그렇게 하겠다고 약속했다.

셍루이로 떠나기 전, 아내에게 한식 도시락을 부탁했다. 단원이 낯선 음식으로 고생할 것이 분명했기 때문이다. 아내는 새벽부터 김밥과 도시락을 정성껏 준비했고, 나는 동이 트기 전 길을 나섰다.

거친 도로를 달리며 차량이 흔들렸지만, 내 머릿속은 단원의 상황으로 가득했다. 여러 가지 가능성이 떠오르며 불안감이 커졌다. 몇 시간의 고된 여정을 끝내고 점심 무렵 셍루이에 도착하자마자 경찰서를 찾았다.

"안녕하세요, 한국 대사관의 강 영사입니다. 봉사단원이 절도 혐의로 체포되었다고 들었습니다. 어떻게 된 일인지 설명 부탁드립니다."

경찰관은 서류를 넘기며 답했다. "단원은 상점에서 물건을 훔친 혐의로 체포됐습니다. 목격자도 있고, CCTV 영상에서도 혐의점이 드러났습니다."

"지금은 어디에 있나요?"

"이미 구치소로 이송되었습니다."

대부분의 아프리카 국가에서는 외국인이 절도 혐의를 받더라도 피해자에게 보상하면 일이 쉽게 마무리되곤 한다. 그런데 이번 사건은 달랐다. 경찰이 이례적으로 신속하게 개입해 단 하루 만에 조사와 구치소 수감이 이루어져 구제 방법을 찾기 쉽지 않았다. 나는 곧장 구치소로 향해 소장과 면담을 요청했다. 소장은 봉사단원이 외국인인 점을 고려해 깨끗한 수감실을 배정했다고 설명했다.

잠시 후 봉사단원을 만날 수 있었고, 구치소 측은 우리에게 따로 마련된 공간을 제공했다. 나는 아내가 준비해 준 김밥과 도시락을 건넸다. 그리고는 그녀가 마음 놓고 식사할 수 있도록 조용히 기다렸다. 봉사단원의 지친 얼굴을 보니, 그녀가 오지에서 쏟아온 노력이 허사로 돌아가는 것만 같아 마음이 아팠다.

봉사단원이 애써 미소를 지으려 했지만, 결국 눈물이 고여 흘러내렸다. 오지에서의 삶 자체도 힘들었겠지만, 지금 그녀가 처한 상황은 그보다 훨씬 더 가혹했다. 한참이 지난 후, 그녀는 그날의 이야기를 들려주기 시작했다.

"전혀 값어치 나가는 물건이 아니었어요. 그냥 저도 모르게 손이 갔는데, 가게 주인이 보고 경찰을 부른 거예요. 경찰이 도착하자 저는 너무 놀라서 훔치려던 것이 아니라고 주장했지만, 그들은 내 말을 믿지 않았어요. CCTV를 확인하고는 훔치려던 의도가 있었다고 판단한 거죠. 경찰 조사 과정에서는 의사소통이 원활하지 않았고, 겁에 질린 나머지 경찰관이 내민 조서에 그냥 서명하고 말았어요."

그녀의 말을 들으니, 상황의 무게가 실감이 났다. 사소한 실수로 시작된 일이 이렇게 커지다니, 그녀가 느꼈을 심리적 압박이 선명히 다가왔다. 현재로서는 그녀를 구치소에서 곧바로 빼낼 방법이 없어 보였다. 현지 구치소의 열악한 환경을 잘 알고 있기에, 최대한 빨리 석방되도록 노력하는 것이 급선무였다.

나는 진심을 담아 말했다. "침착하게 기다려 주세요. 가능한 모든 방법을 동원해 돕겠습니다. 당장은 시간이 걸릴 수 있지만, 최대한 신속히 해결할 수 있도록 노력할 거예요. 필요한 일이 있으면 언제든지 연락해 주세요."

그녀를 안심시킨 후, 구치소장을 찾아가 다시 요청했다. "이분은 이곳 기술학교에서 컴퓨터 교육을 하며 기술 전수 프로젝트에 참여한 봉사단원입니다. 각별한 관심과 배려를 부탁드립니다."

구치소장은 진지한 표정으로 고개를 끄덕이며 "알겠습니다. 그녀가 구치소에서 생활하는 데 불편함이 없도록 최대한 돕겠습니다"라고 답했다. 그의 말에서 진정성을 느끼며 약간의 안도감이 들었다. 나는 다시 한번 요청했다. "제가 다카르로 돌아가면 법무부 관계자와 협의해 최대한 협조를 구할 겁니다. 대사관에서도 주시하고 있으니, 계속해서 그녀에게 신경을 써 주시기 바랍니다."

구치소를 나서며 봉사단원과 마지막 인사를 나눴다. "먹고 싶은게 있으면 말해주세요." 그녀는 잠시 망설이다가 작은 미소를 지으며 말했다. "저… 삼겹살이 먹고 싶어요." 그녀의 대답에 나도 웃으며 "일이 끝나면 다카르에서 꼭 사줄게요"라고 약속했다. 그녀의 얼굴엔 미안함과 간절함이 뒤섞인 표정이 엿보였다. 무거운 마음을 안고 구치소를 나섰다.

숙소로 돌아와 다른 봉사단원들과 만남을 가졌다. "그날 무슨 일이 있었는지 자세히 말해줄 수 있을까요?" 나는 한 단원에게 물었다. 그녀는 깊은 한숨을 쉬며 답했다. "저는 그 친구와 같은 대학을 다니고 함께 봉사 활동을 왔어요. 사건이 있던 날에도 같이 슈퍼에 갔는데, 친구가 물건을 훔치려는 의도는 전혀 없었어요. 가게 주인이 오해해서 경찰을 부른 거죠. 그 후 모든 게 너무 빨리 진행됐습니다."

단원의 이야기를 들으니, 상황이 더욱 명확해졌다. 나는 그녀를 안심시키며 말했다. "알겠어요. 친구가 빨리 석방될 수 있도록 최선을 다할게요." 그렇게 다짐하니 이번 일을 신속하게 해결해야겠다는 결심이 더 강해졌다. 다음 날, 나는 서둘러 셍루이를 떠나 여섯 시간 가까이 달려 다카르에 도착했다. 이제는 현지 사법 절차를 따르면서도 최대한 신속하게 재판이 진행되도록 하여, 그녀가 충분히 변호할 기회를 갖고 선처를 구할 수 있게 도와야 할 상황이었다.

다카르에 도착하자마자 대사관은 대사를 중심으로 주재국 내무부와 법무부 관계자들을 만났다. 나는 평소 친분이 있던 대통령실 법률고문에게도 도움을 요청했다. 그는 대학교수로도 활동하며 법조계에 넓은 인맥을 가지고 있었다. 법률고문은 나의 간절한 요청에 "걱정 마세요, 영사님. 제가 할 수 있는 모든 인맥을 동원하겠습니다"라고 답하며, 이번 사건이 매우 이례적인 경우라며 최대한 협조하겠다고 약속했다. 많은 이들의 도움 덕분에 전례 없이 신속하게 재판 일정이 잡혔다. 재판 당일, 봉사단원의 봉사 활동 이력과 절도의 의도가 없었다는 점이 충분히 설명되었고, 그 결과 그녀는 곧바로 석방되었다.

순간, 나는 깊은 안도의 한숨을 내쉬며 그동안 쌓였던 긴장이 풀리는 것을 느꼈다. 그녀는 감격스러운 표정으로 "영사님, 정말 감사합니다."라며 인사를 전했다. 눈물이 그렁그렁 맺힌 그녀의 눈은 그동안의 고생을 말해주고 있었다. 타국에서의 수감 생활로 몸과 마음이 지친 그녀는 봉사 활동을 조기에 마무리하고 귀국하기로 했다.

귀국을 앞둔 날, 다카르에서 다시 만난 우리는 구치소에서 한 약속을 지키기 위해 한국 식당으로 발걸음을 옮겼다.

"고생 많았어요. 오늘은 마음껏 드세요." 나는 미소를 지으며 말했다. 봉사단원은 세네갈을 떠나기 전 마지막으로 먹은 삼겹살의 맛을 오래도록 기억할 것 같다고 말했다. 다음 날, 그녀는 우여곡절 끝에 봉사 활동을 마무리하고 서울로 귀국했다. 세네갈에서 겪은 모든 시간은 평생 잊지 못할 기억으로 남을 것이다. 그녀가 무사히 돌아갔다는 소식을 들으며, 나는 이 귀국이 단순한 사건의 종결이 아닌, 새로운 시작이 되길 진심으로 기원했다.

다카르에 복귀한 지 얼마 지나지 않아, 기니에서 구금되었던 민원인의 아들도 명예영사의 도움으로 며칠 만에 풀려났다는 연락을 받았다. 그러나 민원인은 내가 현장에 직접 가지 않은 것에 대해 강한 불만을 제기했다.

"영사님, 왜 바로 오지 않으셨나요? 그랬다면 아들이 더 빨리 나올 수 있었을 것으로 생각합니다." 민원인의 목소리에는 불신과 실망으로 가득했다.

"네, 죄송합니다. 그때도 최대한 신속하게 대응하려고 했습니다만, 여러 가지 사정으로 인해 현장에 직접 갈 수는 없었습니다." 나는 차분히 설명했다.

이러한 설명에도 불구하고 민원인의 불만은 쉽게 가라앉지 않았고, 결국 그녀는 국민신문고에 민원을 제기했다. 이 일로 인해 나는 이 문제를 해명하기 위해 한동안 마음고생을 해야 했다.

이 사건은 내가 최선을 다했음에도 불구하고, 모든 민원인의 기대를 충족시키는 일이 얼마나 어려운지를 다시금 깨닫게 해주었다. 특히, 중립을 유지하며 다양한 이해관계를 조율하는 것이 얼마나 복잡한지, 그 과정에서 생기는 오해와 불만을 어떻게 다룰지 깊이 고민하게 되었다.

국민의 억울함을 풀어주는 기쁨은 크지만, 복잡한 상황 속에서 최선을 다해야 한다는 압박감 또한 상당하다. 그러나 이 모든 어려움에도 불구하고, 국민을 지키는 것이 내 본연의 사명임을 다시 한번 자각했다.

제3장

아프리카의 거인, 나이지리아에 가다

나이지리아

아프리카 최대 도시의 첫인상

— 질서와 혼돈이 공존하는 라고스 —

        이제 드디어 아프리카의 맏형격인 나이지리아로 향한다. 이번 목적지는 한때 나이지리아의 수도였던 라고스 (Lagos)다. 20여 년 전까지만 해도 수도였던 이곳은 인구 폭증과 교통 혼잡, 그리고 해안가라는 지리적 한계로 인해 수도가 아부자 (Abuja)로 이전됐지만, 여전히 나이지리아, 아니 아프리카 전체에서 중요한 도시로 남아 있다. 경제, 금융, 문화의 중심지로서 라고스는 변함없이 나이지리아의 심장 역할을 하고 있다.

  라고스는 나에게 있어 해외에서 근무하는 일곱 번째 공관이자, 아프리카에서만 어느덧 네 번째로 일하는 곳이다. 미국, 캐나다, 인도 근무를 제외하면 대부분의 시간을 서부 아프리카에서 보냈다. 이번 라고스 근무는 코로나 팬데믹으로 더욱 쉽지 않은 여정이었다. 한때 중단됐던 라고스행 항공편이 재개되면서, 나는 예정된 시간보다 한 달 늦은 2020년 9월 중순에야 이곳에 도착할 수 있었다.

비행기가 라고스 국제공항에 착륙하자마자, 기내의 모든 승객은 예상대로 앞다투어 내리기 시작했다. 이미 입국 절차가 오래 걸릴 것을 잘 알고 있던 터라, 나는 그들과 함께 서둘러 기내를 빠져나갔다. 입국장에서는 자국민과 외국인 구분 없이 모두가 한 줄로 서서 열 체크와 황열병 예방 접종 증명서를 확인받아야 했다. 이 과정은 예상보다 오래 걸렸고, 절차도 복잡했다.

라고스주(州)의 경제 규모는 이웃 나라인 가나나 코트디부아르의 국가 경제를 능가할 만큼 크지만, 부정부패와 관료주의가 여전히 발목을 잡고 있었다. 공항에서는 자동화가 거의 이루어지지 않아 모든 절차가 지체되었고, 긴 대기 시간을 감수해야 했다. 십여 년을 아프리카에서 생활했어도 답답함과 짜증을 참기 어려웠다. 그래도 큰 문제 없이 절차를 마무리할 수 있어 다행이었다. 라고스 공항은 팁을 요구하며 입국 절차를 지연시키는 것으로 악명이 높기 때문이다.

공항에서 마중 나온 공관 직원과 함께 차를 타고 시내로 향했다. 이곳의 공기는 무겁고 축축했다. 뜨거운 열기와 높은 습도가 뒤섞여 숨을 막히게 했고, 끊임없이 울려 퍼지는 경적 소리가 공항 주변의 혼잡함을 더했다. 창밖으로는 익숙한 노란색 버스들이 차선을 무시한 채 아슬아슬하게 질주하는 모습이 보였다.

공항을 벗어나 한참을 달리자, 거대한 석호 위로 길게 뻗은 다리가 나타났다. 왕복 6차선의 이 다리는 라고스가 아프리카 최대 도

마코코 수상촌 전경, 출처: The Anthropocene Project, 이미지 편집: 저자

시임을 실감하게 했다. 무려 12㎞에 걸쳐 석호를 가로지르는 이 수상 교량은 아프리카 대륙에서 가장 긴 다리 중 하나였다.

그러나 그 광경 뒤로 또 다른 충격적인 모습이 눈에 들어왔다. 석호를 따라 판잣집들이 끝없이 이어져 있었다. 나는 놀라서 현지 직원에게 물었다. "저게 뭐죠? 수상촌처럼 보이는데?"

"네, 맞습니다. 저곳은 마코코(Makoko)라고 불리는 빈민가입니다. 지방에서 올라온 사람들과 이웃 국가에서 이주한 이들이 주로 거주합니다."

좁고 위태로워 보이는 판잣집들 사이로, 오래된 나룻배들이 짐을 가득 싣고 천천히 오가는 모습을 보며 나는 궁금해졌다.

"이야, 엄청나게 커 보이는데, 그곳에 얼마나 많은 사람들이 살고 있나요?"

"정확한 수치는 알 수 없지만, 약 십만 명 가까이 거주하는 것으로 알려져 있습니다. 매우 위험한 슬럼 지역이라 우리도 쉽게 방문하기 어렵습니다. '아프리카의 베네치아'로 불리며 관광객들이 배를 타고 외부만 둘러보는 경우가 많습니다."

"그들은 주로 어떤 일을 하면서 살아가나요?"

"고기를 잡거나 목재공장에서 일용직으로 생계를 이어갑니다."

이야기를 나누던 중, 차가 갑자기 속도를 줄이더니 거의 멈추다시피 했다. 도로는 이미 뒤엉켜 있었고, 앞차가 더 이상 나아가지 못하는 상황에서도 뒤따르는 차량이 무리하게 끼어들며 혼잡은 더욱 심해졌다. 편도 3차선 도로는 어느새 여섯 줄의 차량으로 가득 차, 꼼짝없이 막혀 있었다.

"라고스는 대부분 지역이 상습 정체 구역입니다. 어디를 가든 노후한 차량이 도로 한가운데 멈춰 서 있는 걸 자주 볼 수 있죠. 그리고 정체 구역에서는 항상 차량 문을 잠가야 합니다." 현지 직원의 무덤덤한 말에, 나는 세계 최악의 교통지옥 중 하나로 알려진 라고스의 현실을 실감할 수 있었다. 찌는 듯한 더위 속, 모든 차량이 멈춰 선 도로 위에서 우리의 대화는 계속됐다.

"아침에 출근하는 데 보통 얼마나 걸리나요?"

"새벽 다섯 시에 출발하면 8시쯤 도착합니다. 일찍 나와야 그나마 덜 막히죠. 금요일에는 새벽 4시에 나서기도 합니다. 그래서 일부 직원은 배를 타고 출근합니다. 이곳의 아침은 매일 전쟁과 같습니다. 도로와 강에서 벌어지는 치열한 생존 경쟁이죠."

"배로 출근한다고요? 정말 그래요?"

"라고스의 교통체증이 워낙 심해 석호를 이용한 수상 교통수단이 잘 발달해 있습니다. 강을 따라 크고 작은 선착장이 많죠."

라고스 강변의 수상 보트 정거장, 출처: France 24, 이미지 편집: 저자

"그런데 왜 정체 구역에서 차량 문을 꼭 잠가야 하나요?"

"정체된 도로에서는 노상강도가 자주 발생합니다. 특히 마코코 빈민가 인근에서는 거의 매일 일어나죠."

그 순간, 아비장에서 겪은 숨 죽었던 기억이 떠올랐다. 다리 위에서 우리 차를 향해 돌진해 오던 노상강도들. 이미 오래전 일이지만 그날의 긴장감은 아직도 내 마음 한구석에 남아 있었다. 그 이후로 나는 차에 탈 때마다 자동으로 문을 잠그는 습관이 생겼다.

마코코의 황폐한 판잣집들이 멀어지며, 우리 차량은 한참을 씨름한 끝에 현대적인 고층 건물들이 빼곡히 들어선 이코이(Ikoy) 지역에 도착했다. 이곳은 마치 다른 세계처럼 느껴졌다.

현지 직원이 말했다. "이제 이코이에 도착했습니다. 많은 관공서와 외국 기관들이 이곳에 모여 있습니다."

나는 창밖을 바라보며 감탄했다. "풍경이 완전히 바뀌었네요. 고층 빌딩들이랑 도로도 잘 정돈되어 있고… 여기가 정말 라고스 맞나요?"

직원은 미소를 지으며 대답했다. "네, 라고스가 맞습니다. 이코이는 라고스에서 가장 번화한 지역이고, 비교적 안전한 곳이기도 합니다. 외국계 기업이나 대사관들이 주로 이곳에 몰려 있습니다. 메인랜드(Mainland)에서 이곳으로 들어오려면 다리를 건너야 하고, 보안 검색이 철저해 현지인들이 접근하기 어렵습니다."

"정말 다른 세상 같네요. 차들도 질서 있게 움직이는 것 같고…" 나는 이코이의 질서와 번영이 라고스의 다른 모습과 얼마나 대조적인지 실감하며, 이곳의 이면에 감춰진 복잡한 현실을 다시금 떠올렸다.

마침내 임시 숙소인 호텔에 도착했다. 전 세계를 강타한 코로나 19는 이곳도 예외가 아니었다. 공관 출근에 앞서 모든 직원은 호텔에서 자가격리를 해야 했다. 창밖을 보니 이코이의 번화한 모습이 한눈에 들어왔다. 그러나 잠시 후, 하늘이 갑자기 어두워지더니 천둥 번개를 동반한 소나기가 쏟아졌다. 스콜성 소나기였다. 호텔 앞 마당에 높이 자란 바나나 나무들 사이로 비가 몰아쳤고, 창문을 두드리는 빗소리가 거세게 들렸다.

나는 창밖을 보며 혼잣말로 중얼거렸다. "이곳 날씨도 참 변덕스럽네. 앞으로 마주할 일들도 저 날씨처럼 예측하기 힘들겠지?" 빗소리를 들으며, 이곳에서의 새로운 시작이 어떤 도전으로 다가올지 생각에 잠겼다. 라고스에서의 삶도 분명 쉽지 않은 도전이 될 것이다. 하지만 나는 또 한 번의 성장을 기대하며, 매일매일을 의미 있게 보내기로 결심했다.

"그래, 잘해 보자. 여기서도 최선을 다하자."

니제르 델타의 현실

— 무자비한 해적들 사이에서의 생존기 —

니제르 델타 지역은 아프리카 최대의 산유지 중 하나로, 나이지리아 남부에 위치해 있다. 1956년 원유가 처음 발견된 이후, 송유관과 오일 저장탱크가 곳곳에 설치되었지만, 시간이 흐르며 설비들이 부식되고 고장나기 시작했다. 또한 무장단체의 잦은 공격으로 원유 유출 사고가 빈번해졌다. 그로 인해 이 지역의 환경은 심각하게 오염되었고, 어업에 의존하던 주민들은 생계에 큰 타격을 입었다.

일부 주민들은 생계를 잃고, 불법 해상 활동인 '벙커링(해상에서 연료를 몰래 공급하거나 밀수하는 행위)'에 뛰어들었다. 사회기반시설의 부족과 높은 청년 실업률, 그리고 만연한 가난 속에서 해적 활동은 많은 이들에게 고수익을 보장하는 유혹이 되었다. 그러나 이는 악순환을 초래해, 환경 오염과 범죄의 소용돌이 속에서 지역 주민들의 삶은 점점 더 나락으로 빠져들고 있었다.

니제르 델타는 광활한 맹그로브 숲과 복잡한 수로로 이루어진 지형 덕분에 외부인의 접근이 쉽지 않은 곳이다. 이곳은 오랫동안 지역 주민들에게는 생계의 터전이었으나, 해적들에게는 이상적인 은신처가 되었다. 복잡한 수로는 공권력의 접근을 어렵게 만들어 해적들이 이 지역에서 활발하게 활동할 수 있는 기반을 제공한 것이었다. 그들은 최신형 GPS 장비와 고속 보트를 이용해 원양까지 나가 선박을 공격했다. 이러한 활동으로 인해 기니만 해적들은 국제적으로 악명을 떨치게 되었다.

니제르 델타 지역의 맹그로브 숲과 그 주변의 원유 오염, 출처: BBC News, 이미지 편집: 저자

그럼에도 니제르 델타의 풍부한 에너지 자원은 한국을 비롯한 세계 각국의 기업들이 이 지역에 진출하는 주된 이유였다. 또한 이곳은 아프리카 해상물류의 25%를 차지하는 중요한 무역로이자, 다양한 국적의 어선들이 조업하는 황금어장으로도 잘 알려져

있다. 하지만 빈번한 납치 사건과 해적의 위협이 도사리고 있어 치안 상황은 매우 불안정했다.

한국 기업들도 이러한 위험에서 자유롭지 않았다. 2006년에서 2012년 사이에만 무려 다섯 차례나 한국 기업인들이 납치되는 사건이 발생했다. 내가 부임하기 직전인 2020년 8월에도 서아프리카 토고 해역에서 조업 중이던 우리 선원 두 명이 해적에게 납치되었다. 이는 그해에만 세 번째로 발생한 우리 국민 관련 피랍 사건이었다.

이러한 사건이 발생할 때마다 외교부 본부는 즉각 재외국민 대책본부를 가동했다. 해적들이 주로 활동하는 니제르 델타가 우리 공관의 영사 관할 구역에 속했기에, 우리는 아부자 대사관과 협력해 긴급대책팀을 신속히 구성했다. 해적들의 공격은 언제든지 일어날 수 있었고, 피랍 사건 발생 시 즉각적인 대응이 필수적이었다.

우리 정부는 국민의 생명과 안전을 최우선으로 삼되, 해적 세력과는 직접 협상하지 않는다는 원칙을 가지고 있다. 대신, 가나에 있는 선박회사가 협상을 주도하고, 신속대응팀을 가나에 있는 대사관으로 파견하여 해적 세력과의 협상에 필요한 지원을 아끼지 않았다.

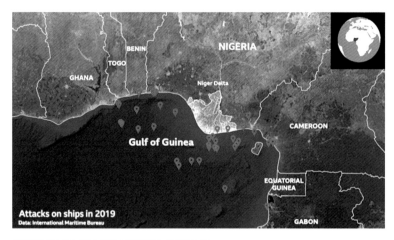

2019년 기니만 해역 해적 공격 현황, 출처: IMB

2020년 8월, 우리 선원들이 피랍된 지 3일 후, 해적단체는 추적이 어려운 위성 휴대전화로 우리 선사에 첫 연락을 해왔다. 그 통화는 앞으로 강한 인내심을 가지고 긴 협상에 임해야 할 시간이 시작되었음을 예고했다. 기니만 해역에서의 몸값 협상은 통상 한 달에서 두 달가량 걸렸다. 이번 협상은 한 달을 넘긴 10월 초에 마무리되었다. 이제 남은 것은 몸값을 전달하고, 납치된 우리 국민을 안전하게 데려오는 긴급 작전뿐이었다.

긴급대책팀은 해적 본거지에 가까운 나이지리아 포타코트(Port Harcourt)에 임시 상황실을 꾸렸다. 해적들은 위치 노출을 피하려고 최소한의 인원만 배를 타고 복잡한 수로를 통해 이동하라고 요구했다. 현지 지리에 밝은 선사의 고용인이 해적들이 지정한 접선 장소로 몸값을 전달하러 출발했다. 모두가 긴장된 순간이었다. 언제 어디서 돌발 상황이 발생할지 알 수 없었다. 수 시간이 흐르고, 저녁 여덟 시 무렵, 대책팀은 긴장 속에서 기다리던 중 마침내 해적단체로부터 선원 두 명이 무사히 인도되었다는 소식을 받았다.

"총영사님, 우리 국민이 무사히 석방됐습니다!" 경찰 영사의 기쁜 소식에 나는 가슴속 무거운 짐이 내려앉는 듯한 안도감을 느꼈다.

"정말 다행입니다. 이제 그들이 가족의 품으로 돌아가는 일만 남았군요." 나는 안도의 숨을 내쉬며 대답했다.

석방된 국민들은 포타코트의 임시 숙소에서 간단한 건강 검진을 받은 후, 다음 날 아침 비행기를 이용해, 라고스로 이동했다. 나는 라고스 공항에서 그들을 기다리며, 현지 출장팀으로부터 두 명의 선원을 인도받았다. 그들의 초췌한 얼굴과 벌레에게 물린 흉터가 오랜 억류 생활의 고통을 그대로 보여주고 있었다.

조금씩 시간이 흐르자, 그들의 얼굴에는 여전히 피로와 공포가 남아 있었지만, 안전하게 돌아왔다는 사실에 안도의 미소가 서서히 번지기 시작했다.

그들을 마주하자, 억류 생활의 고통이 그대로 느껴졌다. 나는 조심스럽게 "정말 많이 힘드셨지요? 고생하셨습니다"라고 말을 건넸다.

내 말에 그들은 힘겹게 미소를 지으며 "그렇지만 살아 돌아올 수 있어 정말 다행입니다"라고 대답했다.

우리는 곧바로 숙소로 이동했다. 오랜 기간 한식을 먹지 못했을 그들을 위해 삼겹살과 잡채 등 다양한 한국 음식을 준비해 두었다. 선원들은 오랜만에 맛보는 한국 음식에 감격하며 연신 감사의 말을 이어갔다.

"총영사님, 정말 이 맛을 다시 볼 수 있을 줄은 몰랐어요." 한 선원이 떨리는 목소리로 말했다.

"억류 동안 식사에 어려움이 많으셨을 텐데, 물이나 음식은 충분히 제공되었나요?"

"아니요, 충분하지 않았습니다." 한 선원이 바로 대답했다.

"저희는 주로 '인도미'라는 현지 라면을 먹었어요. 가끔 아주 작은 양의 현지 쌀을 주기도 했는데 그마저도 경비원들이 빼앗아 가서 우리가 실제로 먹은 양은 굶어 죽지 않을 정도에 불과했습니다."

"그럼, 잠은 주로 어디에서 잤나요? 경비는 삼엄했나요?"

"맹그로브 늪지대 근처의 작은 움막 같은 곳에 억류됐습니다. 경비는 여섯 명 정도였고, 우리 근처에 초소를 두고 교대로 지키고 있었습니다. 해적들의 숙소도 가까이 있었던 것 같았어요"

"억류 중에 신체적인 폭행이나 정신적 학대를 당한 적은 없었나요?" 나는 그들의 고통을 상기시키지 않으려 조심스럽게 물었다.

"폭행이나 정신적 학대는 크게 없었지만, 그들은 마치 우리를 상품처럼 대했습니다. 협상을 빨리 끝내고 다시 바다로 나가 해적행위를 이어가고 싶어 했어요. '빨리 돈을 내야 너희들이 나갈 수 있다. 돈을 안 주면 절대 못 나간다'라는 말을 반복적으로 들었습니다.”

“억류 생활 중 가장 힘들었던 것은 무엇이었습니까?”

그러자 한 선원이 자기 몸에 난 벌레와 모기로 인한 흉터 자국을 보여주며 대답했다.

“처음엔 벌레와 모기 때문에 잠을 잘 수 없었어요. 비가 오면 움막이 비를 막아주지 못해 온몸이 젖었고, 항상 배고픔에 시달렸습니다. 시간이 지날수록 삶에 대한 의지가 약해졌고, 결국 ‘이러다 죽겠구나’라는 생각까지 들었습니다.”

“그랬군요… 어떻게 그 오랜 시간을 견뎌낼 수 있었습니까?”

“동료가 곁에 없었다면 버티기 어려웠을 겁니다. 가족들을 떠올리며 살아남아야 한다는 생각만이 우리를 지탱해 줬어요.”

그들의 이야기를 들으며 내 마음은 점점 더 무거워졌다. 열대 우림 속 움막에서 한 달 반 동안 해충에 시달리며 배고픔을 견뎠다는 사실이 믿기지 않았다. ‘얼마나 두렵고 고통스러웠을까’라는 생각이 머릿속을 떠나지 않았다. 이제 내가 해야 할 일은 하루빨리 그들이 가나에 있는 가족의 품으로 돌아갈 수 있도록 관련 절차를 신속히 처리하는 것이었다.

나는 그들의 눈을 마주 보며 다짐하듯 말했다. “그동안 정말 고생 많으셨습니다. 이제 최대한 빨리 절차를 마무리해 가족의 품으로 돌아가실 수 있게 하겠습니다.”

한 선원이 눈물을 글썽이며 “감사합니다, 총영사님. 정말 감사합니다”라고 연신 고마움을 나타냈다.

이제 나이지리아 정부와 협력해 해적 행위에 관한 정보를 수집하고, 이를 토대로 피랍 사건의 전말을 규명하는 것이 남았다. 특히, 우리 국민들은 피랍된 상태에서 불가피하게 나이지리아에 입국한 상황이라, 정상적인 절차와는 다른 특별한 출국 허가가 필요했다.

나는 아부자 대사관과 협력해 신속하게 조사 일정을 조율했고, 라고스 해군기지에 마련된 특별 합동 조사실에서 조사를 진행했다. 조사관들은 해적의 침입 방식, 이동 경로, 은신처의 특징 등을 세심하게 물었다. 그들은 해적이 사용하는 방언과 생활 방식에 관해서도 관심을 보였다.

조사가 끝난 후, 나는 합동조사팀장에게 다가가 말했다. "우리 국민들이 오랜 억류로 지친 상태입니다. 빠른 후속 조치를 부탁드립니다." 팀장은 고개를 끄덕이며 "알겠습니다. 최대한 신속히 처리하겠습니다"라고 약속했다.

나는 이어 "이번 조사로 얻은 정보가 해적 소탕에 도움이 되어 추가 피해를 막을 수 있길 바랍니다"라고 덧붙였다. 그러자 팀장은 단호하게 "해적 문제는 우리 정부가 반드시 해결해야 할 과제입니다. 이미 은신처에 대한 추적이 진행 중이며, 사실관계를 확인 후 소탕 작전을 펼칠 예정입니다"라고 답했다.

그의 말을 듣고 마음이 놓였다. 나는 진심으로 감사를 전하며,

우리 국민들이 하루빨리 가족의 품으로 돌아가기를 간절히 바랐다. 그들을 숙소로 데려다주며, 이제 해결해야 할 마지막 과제는 나이지리아 연방 이민청의 출국 절차를 완료하는 것이었다.

라고스의 혼란 속에서

― 긴박했던 우리 국민 보호 지원 ―

다음 날 이른 아침, 평소보다 긴장된 모습으로 출근한 현지 직원들은 2주 넘게 이어지고 있는 '경찰개혁(End SARS) 시위'가 더욱 격화되고 있다고 전해주었다.

"총영사님, 트위터에 이런 동영상이 올라오고 있습니다." 현지인 비서가 다급하게 뛰어와 스마트폰을 내밀며 떨리는 목소리로 말했다. 화면에는 라고스 시내에서 시위 도중 민간인이 경찰의 총에 맞아 쓰러지는 장면이 담겨 있었다.

그 장면을 보는 순간, 코트디부아르에서의 악몽 같은 기억이 되살아났다. 그때 작은 시위가 어떻게 통제 불능 상태로 악화되었는지 생생히 기억하고 있었기 때문이다.

경찰개혁(End SARS) 시위 현장, 출처: NBC News, 이미지 편집: 저자

나는 곧바로 경찰 영사를 호출하여 상황 파악에 나섰다.

"현재 시위 상황은 어떻습니까?"

"점점 더 격렬해지고 있습니다. 소셜미디어에 시위대와 경찰의 충돌이 실시간으로 올라오며, 폭력 사태가 심각해질 조짐을 보입니다." 경찰 영사가 긴장된 목소리로 답했다.

"즉시 교민 사회에 외출 자제를 공지하세요. 상황을 면밀히 모니터링하고, 악화되면 즉각 보고하세요." 나는 차분하지만 단호하게 지시했다.

오후가 되자 경찰 영사가 급하게 내 사무실로 뛰어 들어왔다.

"총영사님, 방금 라고스 주정부에서 폭력 시위가 격화되자 오늘 오후 4시부터 전 지역에 통행금지령을 내렸습니다."

즉시 전 직원들을 소집해 공관 비상대책회의를 열었다. 회의실의 분위기는 엄숙했고, 모두의 시선이 나에게 집중되었다. 경찰 영사가 보고를 이어갔다.

"라고스 전역에서 시위가 이어지고 있으며, 일부 지역에서는 건물이 불타고 총성이 들린다는 보고도 있습니다. 소셜미디어에는 경찰의 폭력이 담긴 사진과 영상이 빠르게 확산되고 있습니다."

나는 잠시 생각한 뒤 고개를 끄덕이며 말했다. "먼저 피랍에서 풀려난 우리 국민들의 임시 숙소 안전을 확보하는 것이 중요하겠네요."

"맞습니다. 다행히 임시 숙소는 담장 위에 전기 펜스가 설치되어 있어 외부에서 무단 침입할 수 없고, 대형 경비견도 있어 안전할 것 같습니다. 오늘부터 퇴근 후에 제가 함께 머물도록 하겠습니다." 경찰 영사가 단호하게 답했다.

"상황이 복잡한 만큼 계속 힘써주세요. 기업들은 어떻게 대응하고 있나요?"

"대부분 재택근무로 전환하고 외부 활동을 자제하고 있습니다. 특히, 대규모 사업장을 운영하는 기업들은 무장 경비업체를 고용해 보안을 강화하고 있습니다." 경찰 영사가 기업들의 현황을 보고했다.

"교민 피해는 없나요?"

"현재까지 피해 보고는 없습니다."

"그나마 다행이군요. 필수 인력인 운전원을 제외한 현지 직원들은 바로 귀가시키고, 나머지 직원들은 비상근무 체제로 전환하세요. 교민 사회에도 통행금지령 관련 안전 공지를 다시 한번 올려

주시고요."

명확한 지시가 내려지자, 직원들은 각자 맡은 역할을 신속하게 수행하기 시작했다. 한 직원은 현지 직원들에게 귀가를 지시하며 전화를 걸었고, 다른 직원은 교민들에게 전할 안전 공지문을 작성했다. 잠시 후, 한 직원이 다가와 보고했다. "총영사님, 공지문을 작성했습니다. 곧바로 홈페이지와 교민 단체 카톡방에 게시하겠습니다."

나는 고개를 끄덕이며 말했다. "좋습니다. 통행금지 시간과 안전 수칙을 정확히 명시하세요. 교민들이 외출을 피하고 안전하게 집에 머무를 수 있도록 해야 합니다."

공지문이 게시되자마자 공관은 비상근무 체제로 전환됐다. 회의실을 나서며 창밖을 내다보니 거리는 긴장감에 휩싸여 있었다. 멀리서 들려오는 시위대의 함성과 사이렌 소리가 상황의 심각성을 실감케 했다.

다행히 대부분의 한국인 직원들은 안전한 지역인 이코이에 거주하고 있었고, 나와 두 실무관은 공관 내 관사에 머물고 있어 언제든 비상근무 체제로 전환할 수 있었다. 운전원 역시 공관 내 임시 숙소에 있어 큰 문제는 없었다. 그러나 외부의 혼란이 언제 공관으로 확산될지 모른다는 생각에 모두가 긴장을 늦출 수 없었다.

얼마 지나지 않아 경찰 영사가 급히 사무실로 들어왔다. "총영사님, 라고스에 진출한 우리 기업 중 한 곳에서 내일 공항을 통해 입국하는 직원들이 있다고 합니다. 이들이 공항에서 회사 숙소까지 안전하게 이동할 수 있도록 지원을 요청했습니다."

나는 잠시 생각한 후 말했다. "이런 혼란 속에서도 국제선이 운항 중이군요. 그렇다면 라고스 주정부에 특별 이동 허가를 요청하고, 우리 공관 차량에 무장 경호 차량을 붙여 함께 이동하는 방안을 검토합시다."

곧바로 나는 라고스 주지사의 특별보좌관과 접촉해 지원을 요청했다. 이후 경찰 영사가 협의된 내용을 기업 측에 전달했다. "현재 라고스 주정부와 협의해 공관 외교 차량에 무장 경찰을 동행시키기로 했습니다. 이동 중 발생할 수 있는 비상 상황에 대비해 주정부 특별보좌관과 긴밀한 연락망도 구축했습니다."

기업 담당자의 목소리에서는 안도의 기색이 묻어났다. "정말 감사합니다. 직원들이 안전하게 도착할 수 있도록 온 힘을 다해주셔서 다행입니다."

다음 날 아침, 라고스 전역에 통행금지 조치가 내려졌지만, 곳곳에서 시위대가 바리케이드를 세우고 도로를 점거한 채 시위를 이어가고 있었다. 특히, 전날 밤 공관 근처 레키(Lekki) 광장에서 시위대에 가해진 총격으로 다수의 사망자와 부상자가 발생했다는 소식이 전해졌다.

즉시 경찰 영사를 불러 물었다. "레키에서 발생한 총격 사건 소식을 들었습니까? 많은 부상자와 사망자가 나왔다고 합니다."

경찰 영사는 고개를 끄덕이며 답했다. "네, 총영사님. 이코이에서 공항으로 가는 고속도로, 대중교통 정류장, 방송국 등 여러 곳에서 총성이 들렸다고 합니다. 소셜미디어에는 경찰의 폭력과 사망자들의 영상이 빠르게 퍼지며 혼란이 확산되고 있습니다."

상황은 급속히 악화되고 있었다. 나는 빠르게 대책을 마련해야 한다는 생각에 머리가 복잡해졌고, 얼굴에는 긴장감이 역력했다. "상황이 심각해지고 있습니다. 공포와 불안이 라고스 전역을 뒤덮고 있군요. 우리 직원과 교민의 안전이 최우선입니다."

곧바로 주지사 보좌관에게 연락을 취했다. 그의 목소리에서 우려와 긴박함이 느껴졌다. "총영사님, 치안이 급격히 악화되었습니다. 도로 대부분이 시위대와 정체불명의 세력에 의해 불법 점거된 상태입니다. 안전을 보장할 수 없으니, 도로 이동은 삼가시는 게 좋겠습니다."

상황이 심각해지자, 나는 곧바로 경찰 영사와 신속히 대응 방안을 논의했다. 그는 "치안이 불안정해 도로 이동이 어려운 만큼, 기업 측에 공항 근처 호텔로 대피하는 방안을 알리겠습니다"라고 제안했다. 경찰 영사는 곧바로 공항 인근 호텔에 연락해 방을 확보하고, 이를 신속히 기업 측에 전달했다.

기업 담당자가 걱정 어린 목소리로 말했다. "상황이 이렇게 심각한 줄 몰랐습니다. 신속하게 대처해 주셔서 감사합니다. 직원들이 안전하게 호텔로 대피할 수 있도록 안내하겠습니다."

대피 조치가 진행되던 중, 경찰 영사는 또 다른 사고를 보고했다. 우리 기업의 법인 사무소에 강도들이 침입해 사무기기와 가구를 훔쳐 갔다는 연락이었다. 즉시 공관은 상황을 파악하기 시작했다.

잠시 후, 법인장이 피해 조사를 위해 사무실로 이동하던 중 도로에 무단 바리케이드를 설치한 괴한들에게 금품을 빼앗기고 간신히 탈출했다는 소식이 전해졌다. 순간, 그가 느꼈을 두려움이 생생하게 전해지며, 과거 코트디부아르에서 우리 가족이 무장 강도에게 붙잡혔던 끔찍한 기억이 떠올라 마음이 무거워졌다. 그러나 금품을 잃었을 뿐 법인장이 큰 해를 입지 않고 무사히 빠져나왔다는 소식에 안도의 한숨을 내쉬며 즉시 그에게 전화를 걸어 안부를 확인했다.

"법인장님, 괜찮으십니까? 정말 다행입니다. 부상은 없으신가요?" 나는 안타까운 마음을 담아 물었다. 법인장은 여전히 떨리는 목소리로 답했다. "네, 다행히 큰 부상은 없습니다. 금품만 빼앗기고 무사히 빠져나왔습니다. 지금 사무실 상황이 더 이상 악화시키지 않도록 조치하고 있습니다." 그의 불안이 느껴져, 나는 차분하게 위로하며 말했다. "안전이 최우선입니다. 절대로 무리하지 마시고, 필요하면 언제든 지원을 요청하세요. 공관에서도 최대한 도와드리겠습니다."

사무실에 강도가 들었다는 소식을 듣자마자, 법인장은 위험을 무릅쓰고 현장으로 나섰다. 도로에 잠재된 위험을 알면서도 사무실로 향한 그의 행동은 책임감과 강인함을 잘 보여주었다. 나 역시 영사로서 20년간 재외국민 보호를 위해 위험을 감수해 온 경험이 많기에, 그의 상황에 깊이 공감이 갔다.

얼마 지나지 않아, 우리 공관이 있는 이코이 섬 내의 교도소가 지역 갱단의 공격을 받았다는 소식이 전해졌다. 교도소는 불길에 휩싸였고, 재소자들이 대거 탈출하면서 긴장감이 한층 고조되었다. 나는 즉시 공관을 지키고 있는 무장 경찰과 사설 경비업체에 공관의 외부 경비와 순찰을 더욱 강화해 주라고 요청했다. 시내 곳곳에서 총성이 울리고 있다는 소식이 소셜미디어를 통해 빠르게 퍼지며, 위기 상황의 심각성이 더욱 체감되었다.

오후가 되자 시위가 전국적으로 확산되었고, 상황이 더욱 긴박해졌다. 결국 부하리 대통령이 긴급 담화문을 발표했다. 그는 시민들의 요구를 받아들여 무자비한 폭력으로 공권력을 남용하는 강도 퇴치 특수부대(SARS)를 해산하겠다고 선언하며, 라고스 전역에 경찰과 군 병력을 배치해 질서 유지를 강화하겠다고 밝혔다. 이 소식을 듣고 우리는 모두 안도의 한숨을 내쉬었다.

불타오르는 이코이 교도소, 출처: PUNCH Newspapers, 이미지 편집: 저자

"정말 다행이네요. 성난 시민들의 분노를 초기에 진정시키지 못하면 상황이 걷잡을 수 없이 악화될 수 있거든요." 내가 직원들에게 말했다. 직원들도 안도하는 기색이 역력했다. 경찰 영사는 고개를 끄덕이며 말했다. "대통령의 긴급 조치가 효과가 있었으면 좋겠습니다. 교민들과 기업들에게 신속히 알리고, 안전 유지에 힘쓰겠습니다."

다음 날, 라고스 주정부가 주간 통행금지를 일부 완화한다고 발표했다. 도로 곳곳에 무단으로 설치된 바리케이드들이 서서히 제거되기 시작했고, 몇몇 차량이 조심스럽게 운행을 재개했다. 혼란은 조금씩 가라앉고 있었지만, 여전히 긴장의 끈을 놓을 수는 없었다.

나는 직원들에게 말했다. "주정부에서 주간 통행금지를 완화했으니 도로 상황이 조금 안정된 것 같습니다."

곧이어 경찰 영사가 보고했다. "맞습니다. 주요 도로에 군인들이 배치됐고, 차량 통행도 점차 늘어나고 있습니다. 이제 공항에 있는 우리 기업인들에게 연락해, 시내에 있는 회사 숙소로 이동할 수 있게 하겠습니다."

나는 신중하게 답했다. "좋습니다. 하지만 상황이 완전히 안정된 후에 움직이는 게 안전할 겁니다. 차량 통행이 충분히 이루어지면 그때 이동시키도록 하죠."

오후가 되자 차량 이동이 활발해지기 시작했다. 얼마 지나지 않아 경찰 영사가 급하게 내 사무실로 들어와 보고했다. "총영사님, 기업인들이 방금 무사히 회사 숙소에 도착했습니다. 모두 안전하게 이동했습니다."

나는 안도의 숨을 내쉬며 말했다. "정말 다행입니다. 수고 많으셨습니다."

하지만 한숨 돌릴 틈도 없었다. 피랍된 우리 국민들을 안전하게 가족의 품으로 돌려보내는 일이 여전히 남아 있었다. 라고스의 상황이 점차 안정되자, 우리는 연방 이민청에 빠른 출국 허가를 계속 요청했고, 며칠 후 이른 아침, 드디어 연락이 왔다.

"총영사님, 연방 이민청에서 출국 승인이 나왔습니다. 내일 아침 출발하는 항공편을 예약하겠습니다. 또한, 인근 병원에서 코로나 검사를 지금 받도록 하겠습니다." 경찰 영사가 보고를 이어갔다. "상황이 또다시 악화될 가능성도 있으니, 공항 인근 호텔로 임시 숙소를 옮기는 것이 좋겠습니다."

나는 신속히 답했다. "좋습니다. 오후에 코로나 검사 결과가 나오면 곧바로 공항으로 출발하세요."

오후에 실무관으로부터 연락이 왔다. "검사 결과가 나왔습니다. 다행히 모두 음성입니다." 나는 안도의 숨을 내쉬며 말했다. "정말 다행입니다. 통행금지가 풀리긴 했지만, 공항으로 가는 도로 일부 구간에서 여전히 산발적인 강탈 사건이 발생하고 있다고 합니다. 최대한 안전하게 공항 인근 호텔로 이동해야 합니다."

내 말을 들은 경찰 영사가 곧바로 덧붙였다. "맞습니다. 그래서 무장 경찰과 동행할 계획입니다. 야간 통행금지가 계속되고 있으니, 제가 우리 국민들과 함께 호텔에 머물며 만일의 사태에 대비하겠습니다."

나는 그의 신중한 제안에 고개를 끄덕이며 감사의 뜻을 표했다. "좋은 생각입니다. 공항까지 무사히 이동할 수 있도록 철저히 준비합시다."

경찰 영사는 평소에도 민원인을 배려하며 일했다. 오늘 역시 그의 사려 깊은 태도가 돋보였다. 그가 교민 사회에서 왜 신뢰받는지 다시 한번 실감하는 순간이었다.

출국 날이 밝았다. 아침 일찍 공항으로 향한 나는 출국장에서 경찰 영사와 합류했다. 모든 절차가 순조로울 것이라 예상했으나, 예기치 못한 문제가 발생했다. 출국 심사대에 있던 이민국 직원이 차가운 목소리로 말했다. "연방정부로부터 아무런 지시를 받지 못했습니다. 출국을 허락할 수 없습니다."

당혹스러움이 밀려왔다. 연방정부의 승인이 났음에도 행정적인 이유로 출국이 지연되는 상황이 답답하게 느껴졌다. 이대로라면 우리 국민들이 비행기를 놓칠 위험이 있었다.

나는 곧바로 공항 이민국장인 Mrs. 난답(Nandap)에게 전화를 걸었다. 여러 번 시도한 끝에 그녀와 통화가 연결되자, 차분하면서도 단호하게 상황을 설명했다.

"연방 이민국으로부터 출국 허가를 받았음에도, 이민국 직원이 행정 문제로 우리 국민들의 출국을 막고 있습니다. 탑승 마감 시간이 얼마 남지 않았으니 신속한 조치를 부탁드립니다."

이민국장은 침착하게 답했다. "현재 출근 중입니다. 어젯밤 연방 이민청으로부터 통보를 받았는데, 아직 행정 처리가 완료되지 않았나 봅니다. 곧바로 직원들에게 지시해 신속히 처리하겠습니다."

나는 안도하며 경찰 영사에게 말했다. "라고스 이민국장과 통화했습니다. 곧 지시를 내릴 거라고 합니다. 조금만 더 기다려 봅시다."

경찰 영사가 고개를 끄덕이며 출국 심사대로 걸어가 이민국 직원에게 요청했다. "이민국장과 통화했습니다. 서둘러 확인해 주세요." 그의 목소리에는 여전히 긴장감이 맴돌았다.

탑승 시간이 다가오자, 불안감이 커지며 모두 예민해졌다.

마침내, 이민국 직원이 우리 국민들의 여권에 출국 승인 도장을 찍었다. 두 달간의 힘든 여정을 마친 그들은 드디어 가족의 품으로 돌아갈 수 있었다. 그들의 얼굴에 서서히 번지는 안도와 기쁨을 보며, 모든 노력이 결실을 맺었음을 느꼈다.

출국장 밖에서 마지막 인사를 나눈 후, 나는 차에 올라 집으로 향했다. 돌아오는 길, 한 선원의 말이 깊이 가슴에 남았다.

"생사가 오가는 상황에서도, 옆에 동료가 있었기에 그 힘든 순간을 함께 이겨낼 수 있었습니다."

집에 도착해 그 말을 곱씹어 보니, 언제나 내 곁에서 응원해 주는 가족이 떠올랐다. 사랑하는 아내와 아이들이 있어 내가 이 길을 계속 걸어갈 수 있음을 새삼 깨달았다. 그들이야말로 내 삶의 원천이자, 이 길을 걷게 하는 진정한 힘이었다.

라고스 공관 이전
— 한인사회의 숙원사업과 새로운 시작 —

2006년, 나이지리아 정부가 수도를 라고스에서 아부자로 이전하면서 우리 대사관도 아부자로 옮겨갔다. 하지만 라고스는 여전히 나이지리아 경제의 중심지로 남아 있었고, 대우건설, 삼성중공업, 삼성, LG 등 약 20개의 한국 기업이 이곳에 진출해 법인을 두고 활발히 사업을 진행하고 있었다. 대부분의 우리 기업과 교민들이 라고스에 거주하고 있었기에, 라고스에는 분관 개념의 공관이 새로 창설되었다.

2020년에 처음 이곳에 부임했을 때, 공관의 모습은 예상과 크게 달랐다. 청사가 주택가에 자리 잡고 있고 일부를 개조해 사용하고 있어, 대한민국을 대표하는 공관으로서의 위상이 부족해 보였다. 이로 인해 교민들의 방문이 어려웠고, 민원실 역시 제대로 갖추지 못한 상태였다. 특히나 한국행 비자를 받으러 온 외국인들이 간이 천막 아래에서 대기하는 모습은 우리 모두를 부끄럽게 만들었다.

게다가 경찰개혁(End SARS) 시위로 라고스 전체가 폭력과 혼돈에 휩싸인 만큼, 공관의 보안시설 강화는 그 어느 때보다 절실한 과제였다. 이런 상황에서는 기본적인 역할과 서비스 제공조차 어려워 개선이 시급했다. 이에 나는 공관 이전을 결정했다.

2020년 10월, 우리 선원 피랍 사건이 마무리된 후 나는 직원들과 본격적으로 새로운 공관 후보지를 물색하기 시작했다. 매일 한 건물씩 방문하면서 약 두 달간 40여 개의 건물을 확인했다. 결국 석호에 인접해 있고, 넓은 야외 공간을 갖춘 장소를 최종 후보지로 결정했다. 이 건물은 긴급 상황 시 대피처로 우리 국민을 안전하게 수용할 수 있고, 건물 앞까지 배가 접안할 수 있어 수로를 통한 즉각적인 대피가 가능했다. 이와 같은 이유로, 라고스에 주재하는 대부분의 선진국 공관들도 석호 근처에 자리를 잡고 있었다.

사실, 오랜 시간 아프리카 지역 공관에서 근무하다 보면, 선진국 공관에서는 상상하기 어려운 상황들을 늘 염두에 두게 된다. 아프리카 대륙은 정치적 불안과 사회적 혼란이 빈번한 지역이라 국가적 위기에 대비하는 것이 필수적이다. 이러한 환경 속에서 나는 자연스레 비상 상황에 대비하는 습관을 지니게 되었다.

특히 영사로서 근무하던 시절, "최악의 상황에 대비하되, 그러한 일이 일어나지 않도록 최선을 다하는 것"이 얼마나 중요한지 깨달았다. 예측할 수 없는 비상 상황에서 신속한 대응이 필요할 뿐만 아니라, 이를 사전에 철저히 준비해 불확실성을 줄이는 것이 외교 공관의 기본 역할임을 깊이 인식하게 된 것이다.

집주인과의 협상은 순조롭지 않았지만, 결국 2021년 5월에 본부의 최종 승인을 받고, 9월에 새 건물로 이전하게 되었다. 새 공관은 보안을 강화하기 위해 고전압 전기 울타리와 적외선 감지기가 설치되었고, 24시간 전기 공급이 가능한 발전기와 즉시 사용할 수 있는 지하수 시스템도 갖추고 있었다. 이를 통해 비상 상황에서도 외부 환경에 구애받지 않고 자립적으로 공관을 운영할 수 있는 설비를 완비하게 되었다.

10월 5일, 교민들과 기업인들을 초청해 공관 이전 기념식을 개최했다. 교민들은 오랜 숙원이었던 공관 이전이 성사된 것에 대해 깊은 기쁨을 느끼며, "우리나라 국격에 걸맞는 공관"이라며 감사의 마음을 전했다. 한 교민은 내가 "비록 우리가 머나먼 이국 타향에 있지만, 지금 여러분들이 서 있는 이곳은 대한민국입니다."라고 말하자, 그는 감격스러운 목소리로 "오늘처럼 손님이 아닌 주인으로 대접받은 적이 없다"라며 눈물을 보이기도 했다. 이러한 교민들의 말 한마디 한마디는 그동안의 노력과 어려움을 모두 잊게 해주는 순간이었다.

재 나이지리아 한인 만남의 날 행사, 출처: ㈜ 라고스 분관

　나이지리아는 각종 테러와 외국인 납치가 빈번한 나라로, 치안이 매우 불안정했다. 이러한 환경에서 교민들이 자유롭게 모임을 하거나 행사를 진행하는 데에는 항상 제약이 따랐다. 외국인을 노린 범죄가 빈번해 교민 행사는 철저한 보안이 마련된 장소에서만 제한적으로 열렸다.

　이러한 이유로 교민들의 안전을 보장하면서도 커뮤니티를 활성화하기 위해, 우리 공관은 주말에 야외 공간을 개방하여 교민 행사를 지원했다. 2022년에는 어린이날, 통일 백일장, 교민 만남의 날 등 다양한 행사가 공관에서 성공적으로 열렸고, 교민들이 안전한 환경에서 소통하며 교류할 수 있었다.

민원실도 대폭 개선하여 교민들이 민원을 보다 편안하게 처리할 수 있도록 쉼터 같은 공간을 마련했다. 혈압 측정기, 도서, 무료 음료 등을 제공해 교민들이 민원 업무 중 편히 쉬고 담소를 나눌 수 있는 공간으로 조성했다. 또한, 현지 예술 교류의 활성화를 위해 니케(NIKE) 갤러리와 협약을 맺고, 유명 화가들의 작품을 전시하는 상설 문화 전시관을 마련했다. 이를 통해 방문객들은 한국 문화와 나이지리아 예술 작품을 동시에 감상할 기회를 가질 수 있었다.

청사 내 상설 문화 전시관, 출처: ㈜라고스 분관

해적의 계절

— 치열한 협상과 긴박한 구조 작전의 기록 —

2021년 5월 중순 이른 아침, 경찰 영사로부터 다급한 연락이 왔다.

"총영사님, 어젯밤 가나 인근 해역에서 우리 국민 한 명이 해적에게 피랍됐다는 소식을 가나 대사관에서 전해왔습니다."

"피랍이요? 그런데 왜 한 명만이죠?" 순간 불안감이 엄습했다.

"우리 국민이 중국 국적 어선에서 선장으로 근무하던 중, 외국 선원들과 함께 피랍된 상황입니다."

그 말을 듣는 순간 심장이 철렁했다. 해적 활동이 다시 시작된 것임을 직감했다.

매년 4월, 기니만 해역의 참치잡이 시즌이 시작되면 해적 활동도 함께 활발해진다. 우리 정부는 이 지역을 고위험 해역으로 지정하고 조업 자제를 권고했지만, 해적들은 무장 고속 보트를 이용해 고위험 해역을 넘어 원양까지 공격을 감행했다. 상황의 심각성을 깨닫고 즉시 비상대책회의를 소집했다.

"지금 매우 긴급한 상황입니다. 나이지리아 서부함대사령부와 해양행정안전청에 연락해 나이지리아 영해에서의 해적 활동 감시를 강화하고, 수상한 배 동향을 실시간으로 알려달라고 요청하세요."

경찰 영사는 긴장된 얼굴로 바로 대답했다. "네, 즉시 조치하고 보고드리겠습니다."

외교부 본부는 즉시 대책본부를 가동했고, 가나 주재 우리 대사관도 긴급대책팀을 구성했다. 그러나 피랍된 선박이 중국 국적이어서 우리 정부와 공관의 대응에는 한계가 있었다. 대책팀은 가나에 있는 중국 대사관과 선박회사를 긴밀히 접촉하며, 우리 국민의 안전을 확보하기 위해 총력을 다했다. 아부자에 있는 우리 대사관도 대사를 중심으로 중국 대사와 나이지리아 해군참모총장 등 연방정부 고위 관계자들과 만나 협조를 요청했다.

나는 직접 라고스에 주재하는 중국 총영사를 만나 협조를 구했다.

"총영사님, 현재 우리 국민이 중국 국적 선박에서 조업 중 해적에게 피랍됐습니다. 우리 국민의 안전한 석방을 위해 중국 측의 협조가 절실합니다. 혹시 중국 정부 차원에서 협상에 도움을 주실 수 있을까요?"

내 말에 중국 총영사는 차분하게 답했다. "해적과 관련된 협상에는 중국 정부가 직접 개입하지 않습니다. 대신 선박회사가 해적 세력과 직접 협상을 진행합니다." 그는 라고스에서 오랫동안 근무한 베테랑 외교관이라며, 중국 정부는 일절 협상에 관여하지 않는다는 입장을 밝혔다.

그러자 내가 반문했다. "기니만에 많은 중국 어선이 조업 중인 것으로 알고 있습니다. 그런데 왜 중국 정부가 직접 협상에 나서지 않는 건가요?"

중국 총영사는 단호하게 말했다. "세계 각지에 많은 중국인이 거주하고 있습니다. 만약 중국 정부가 해적과 직접 협상에 나서게 된다면, 오히려 더 많은 중국인이 해적의 표적이 될 위험이 있습니다."

나는 그 말을 듣고 신중하게 대답했다. "우리 정부도 해적과 직접 협상하지 않습니다. 다만, 우리 국민의 조속한 석방을 위해 선박회사가 협상을 원활히 진행하도록 필요한 지원을 아끼지 않습니다. 우리 국민과 선원들이 무사히 돌아올 수 있도록 함께 노력하기를 바랍니다."

중국 총영사는 고개를 끄덕이며 동의했다. "알겠습니다. 필요한 정보가 생기면 즉시 알려드리겠습니다."

6월 초, 가나 인근 해역에서 발생한 피랍 사건이 아직 해결되지 않은 상황에서 또다시 우리 국민들이 피랍되는 사건이 발생했다. 이번에는 베냉 연안에서 조업 중이던 우리 국적 어선이 해적의 기습을 받아 우리 국민 4명이 납치되었다. 연이은 피랍 사건은 전례

최근 한국인 선원 피랍 상황
❶ 5월 19일 가나 수도 아크라 인근 해상서 한국인 선장 1명 등 5명 피랍
❷ 6월 1일 베냉 인근 해역서 한국 선원 4명 등 5명 피랍

아프리카

베냉
가나 토고 나이지리아

해적 위험 해역

❶ ❷
기니만

카메룬

고위험 해역

가봉

대서양

선원 납치 현황

2017	2018	2019	2020년
65	78	121	130명

자료/해양수산부 연합뉴스

2021년 기니만 고위험 해역과 한국인 선원 납치 현황, 출처 연합뉴스
(자료 제공: 해양수산부)

없는 일로, 본부와 공관 모두 큰 충격에 휩싸였다.

　과거 소말리아 해역은 해적 활동의 중심지로 악명이 높았으나,
국제사회의 연합 해군 순찰이 강화되면서 해적 활동은 크게 감소
했다. 우리 정부도 청해부대를 파견해 소말리아 해역에서의 해적
활동을 효과적으로 억제해 왔다.

반면, 니제르 삼각주를 중심으로 활동하는 기니만 해적들은 점점 더 조직화되고, 정교해졌다. 이들은 강력한 무기를 장착한 고속 보트를 이용해 활동 반경을 원양까지 넓혀가고 있었다. 이로 인해 전 세계 선원 납치 사건의 대부분이 나이지리아를 거점으로 한 해적들의 소행으로 알려졌다. 특히 니제르 삼각주 지역은 이러한 해적 활동의 중심지로 악명을 떨치고 있으며, 이 지역에서의 해적 활동은 계속 확산되고 있었다. 이들의 치밀한 공격은 국제 해운업계에 심각한 위협이 되었으며, 우리 국민 또한 이러한 위험에서 벗어나기 어려운 상황이었다. 계속되는 피랍 사건 속에서 이번 사건의 긴박함은 더욱 절실하게 다가왔다.

우리 공관은 즉각 나이지리아 해군 당국과 접촉했다. 평소 유대 관계가 좋았기에 새벽에도 빠르게 연락이 닿을 수 있었다. 특히, 경찰 영사가 해적 대응 작전을 지휘하는 해군 준장과 평소에도 긴밀한 관계를 유지하고 있어, 이 과정에서 큰 도움이 되었다. 나는 경찰 영사에게 물었다.

"해군 준장과 연락이 됐나요? 신속하게 상황을 공유하고 지원을 요청해야 합니다."

경찰 영사는 고개를 끄덕이며 대답했다.

"네, 이미 연락했고, 해군도 현재 상황을 파악하고 지원을 준비 중입니다."

나이지리아 서부함대사령부 방문, 출처: 외교부

하지만 나이지리아 해군만으로는 한계가 있었다. 해적들은 고속 보트를 이용해 해군의 감시망을 순식간에 벗어났고, 도주 과정에서 인질을 위협하거나 저항할 가능성도 높았다.

이러한 상황을 고려해 나는 기니만 해양 안전을 총괄하는 자모해양행정안전청장을 직접 만나기로 했다.

"청장님, 현재 상황이 매우 급박합니다. 나이지리아 당국의 수색 범위를 넓히고, 가능한 모든 자원을 투입해 해적들의 움직임을 빠르게 파악해 주시기를 부탁드립니다." 나는 청장에게 간절히 요

나이지리아 해양행정안전청장 면담, 출처: 외교부

청했다. 이어 "구조 작전이 시작되면, 무엇보다도 우리 국민의 안전을 최우선으로 고려해 주시길 부탁드립니다"라고 덧붙였다.

자모 청장은 진지한 표정으로 고개를 끄덕이며 답했다. "알겠습니다. 수색 범위를 즉시 확대하고, 구조 작전을 진행하게 된다면 최대한 신중하게 진행하겠습니다. 작전 개시 전에 공관에 사전 통보도 드리겠습니다."

이번 베냉 연안 피랍 사건은 우리 국적 선박이기 때문에, 선박회사가 몸값 협상을 주도하게 되었다. 가나 대사관은 협상이 원활히 진행될 수 있도록 적극 지원하며, 무엇보다도 우리 국민의 안전을 최우선으로 하고 있었다. 협상이 마무리되면, 우리 공관과 아부자 대사관은 니제르 삼각주로 출장을 가 피랍된 국민들을 인수해 무사히 가족의 품으로 돌려보낼 계획이었다.

나는 직원들에게 차분히 지시했다. "협상 상황을 주의 깊게 모니터링하고, 협상 마무리 시점에 맞춰 모든 준비를 사전에 완료하세요."

경찰 영사는 고개를 끄덕이며 답했다. "네, 가나 대사관과 협력해 협상 상황을 지속적으로 점검하겠습니다. 또한, 니제르 삼각주로의 출장을 대비해 필요한 준비도 시작하겠습니다." 우리 공관은 두 건의 피랍 사건을 면밀히 주시하며, 협상이 종료되는 즉시 신속히 대응할 준비를 마쳤다.

우리 정보기관과 나이지리아 해군은 두 사건 모두 니제르 삼각주를 거점으로 활동하는 해적들의 소행이라고 결론을 내렸다. 이들은 협상 초기에 수백만 달러의 몸값을 요구하지만, 협상 과정에서 금액이 수십만 달러, 때로는 수만 달러로 줄어들기도 한다. 실제로 유엔(UN)에 따르면 2021년 한 해 동안 기니만에서 발생한 선원 납치로 지불된 몸값이 약 4백만 달러에 달하며, 해적 활동으로 인한 경제적 피해는 1.9억 달러에 이른다고 보고되었다. 해적 행위가 단순 범죄를 넘어 하나의 '비즈니스 산업'으로 자리 잡았음을 보여주는 수치였다.

중국 선박회사는 몸값을 더 지불하더라도 신속히 협상을 마치고 조업을 재개하는 것이 경제적으로 유리하다고 판단했다. 반면, 가나에 있는 우리 선박회사는 협상 전문가의 도움을 받아 신중한 접근을 택했다. 선원들의 안전을 최우선으로 하면서도, 지나치게 높은 몸값이 해적들의 주요 표적이 될 위험을 높일 수 있음을 고려해 협상금을 적정 수준으로 조정하는 데 주력했다. 또한 협상이 길어지면 피랍된 선원들의 안전이 위협받을 수 있었기에 신속한 석방을 목표로 전략을 세웠다.

협상 과정에서 무리한 요구에는 단호히 대응하며, 필요시에 의도적으로 해적과의 연락을 끊어 긴장감을 조성했다. 해적들은 가능한 한 많은 몸값을 빨리 받아내기 위해 선원들을 위협하며 심리적 압박을 가했다. 이러한 심리전 속에서 적정한 몸값을 제시하며 단기간 내 석방을 이끌어 내기 위한 노력이 치열하게 이어졌다.

협상은 긴박하면서도 인내심이 요구되는 지난한 과정이었다. 이 지역 해적들은 특정 종족이나 집단이 아닌, 오직 금전적 이익을 위해 모인 것으로 알려져 있었다.
이 때문에 기니만 해적들은 1~2개월 안에 협상을 마무리하는 경우가 많았다.

해적 행위에는 상당한 비용이 들기 때문에, 이들은 스폰서로부터 자금을 지원받고 몸값을 받으면 이를 되돌려 주는 방식으로 운영되었다. 협상이 길어질수록 비용이 늘어나기 때문에 해적들은 가능한 한 빨리 협상을 끝내고 몸값을 받아 다른 목표를 찾으려 했다.

니제르 델타를 거점으로 활동하는 해적들은 크게 두 가지 유형으로 구분된다. 첫 번째는 연안에서 활동하는 해적들로, 이들은 보통 지역 어선이나 해상 교통을 겨냥하며 해안 근처에서 빠르게 이동해 물품을 강탈하거나 사람들을 납치한다.

두 번째 유형은 원양에서 활동하는 해적들로, 이들은 주로 상선, 어선, 원유 운반선과 같은 대형 선박을 목표로 삼는다. 원양 해적들은 철저히 조직화되어 있으며, 각자의 역할이 명확히 구분된 팀으로 움직인다. 당시 이 지역에는 약 5~6개의 해적 그룹이 활동하는 것으로 파악되었고, 각 그룹은 보통 40~60명 규모로 운영되었다.

니제르 델타의 해적들, 출처: Voice of America, 이미지 편집: 저자

해적 조직의 리더는 첩보원처럼 정보를 수집해 신중하게 공격 대상을 선정했다. 그 아래에는 각기 다른 임무를 수행하는 팀들이 있었다. 공격팀은 고속 보트를 타고 목표 선박을 기습해 인질을 확보하고, 인질 감시팀은 억류된 선원들의 상태를 관리했다. 협상 팀은 몸값을 협상하며 최대한 많은 금액을 얻기 위한 다양한 전략을 펼쳤다. 이들은 단순한 무장 강도가 아니라, 철저한 계획과 조직화로 움직이는 전문 범죄 집단으로 진화한 것이다.

해적들은 몸값을 받으면 각자의 기여도에 따라 몫을 분배했다. 조직의 리더가 가장 큰 금액을 가져가고, 역할에 따라 차등 지급되는 방식이었다. 이전에 피랍된 한 선장이 경비원에게서 "몸값이 지급되면 나는 약 50달러를 받습니다"라는 말을 들었다며, 그들의 운영 방식을 짐작할 수 있었다.

우리 선사와 해적 간의 협상이 한창 진행 중이던 어느 날, 공관으로 한 통의 전화가 걸려 왔다. 전화를 건 사람은 자신을 해적이라고 소개하며, 한국인 4명을 억류 중이라고 했다. 그는 선주와의 연락이 끊어졌다며 위성 전화번호를 주고, 직접 연락하라는 말을 남긴 뒤 전화를 끊었다.

나는 즉시 경찰 영사에게 상황을 전달했다. "해적들이 우리에게 직접 연락해 왔습니다. 선주 측과의 연락이 끊긴 상황에서, 우리를 통해 협상을 유도하려는 것 같습니다."
경찰 영사는 잠시 생각하더니 말했다. "선주 측이 전략적으로 연락을 일시 중단했을 가능성이 큽니다. 해적들이 더 많은 협상금을 얻어내기 위해 공관을 압박하는 것 같습니다."

그의 분석을 듣고 상황의 복잡함을 더욱 실감했다. "양측이 치열한 줄다리기를 하고 있군요. 우리도 신중하게 접근해야겠어요."
우리 공관은 해적과 직접 협상에 나서지 않으면서도, 상황을 면밀히 주시하며 선주 측이 주도권을 유지할 수 있도록 지원하기로 했다.

6월 말, 가나 인근 해역에서 납치된 지 한 달이 조금 넘은 시점에 중국 선박회사와 해적 간의 협상이 마침내 마무리되었다는 소식이 전해졌다. 드디어, 피랍 사건이 해결된 것이었다.

다음 날, 우리 국민들은 해적의 본거지에 가까운 포타코트(Port Harcourt) 인근에서 안전하게 석방되었다. 석방된 우리 국민은 중국 교민회 대표와 함께 라고스로 이동했으며, 함께 억류되었던 러시아 선원들도 있었다.

이번 협상은 중국 교민회 대표가 직접 주도한 것으로 전해졌다. 특히 중국 측은 선원들의 입국 사실이 외부에 노출되는 것을 극도로 경계하며, 그들을 극비리에 숙소로 이동시키려는 계획을 공관에 알려왔다.

나는 중국 측이 알려준 호텔에 미리 도착해 기다렸다. 시간이 흘러 저녁 무렵, 석방된 우리 국민이 중국 교민회 대표와 함께 도착했다. 나는 그를 보자마자 반갑게 맞이하며 말했다. "무사히 돌아오셔서 정말 다행입니다. 그동안 많이 힘드셨죠. 건강은 괜찮으신가요?"

그는 피곤한 얼굴에도 불구하고 미소를 지으며 답했다. "억류 생활 동안 식사가 부족해 체중이 많이 줄었지만, 큰 문제는 없습니다."

나는 안도하며 말했다. "그래도 건강에 이상이 없어서 정말 다행입니다. 이번 사건이 중국 선박회사와 관련된 일이어서 우리 정부의 개입이 제한적이었지만, 이렇게 직접 만나 뵙게 되어 한시름 놓입니다."

내 말에 그는 잠시 나를 살피더니, 눈을 크게 뜨며 말했다. "그런데, 총영사님… 이름과 얼굴이 낯이 익은데 혹시 전에 코트디부아르에서 근무하지 않으셨나요?"

"네, 맞습니다. 오래전에 아비장에서 근무했습니다. 혹시 아비장 공항 근처에서 식당을 운영하시던 분의 따님과 결혼하신 선장님 아니신가요?" 내가 그의 기억을 되살리며 물었다. 그는 놀란 표정으로 고개를 끄덕이며 말했다. "네, 맞습니다!"

그와 이야기를 나누며 아비장에서의 추억을 잠시 떠올렸다. 세상이 참 좁다는 생각이 들었다.

그리고 나는 조심스럽게 피랍 당시 상황을 물었다. "처음 해적들이 공격해 왔을 때, 어떤 상황이었나요?" 그는 잠시 생각에 잠기더니, 그날의 기억을 떠올리며 답했다. "저녁 7시쯤이었어요. 식사를 마치고 양치질하고 있었는데, 갑자기 여섯, 일곱 명의 해적들이 배에 올라탔습니다."

"그럼, 해적들이 다가오는 걸 전혀 눈치채지 못했나요?"

"네, 주위가 어두웠고, 가나 항구 근처여서 작은 어선들이 자주 오가다 보니 해적 보트를 구분하기가 어려웠습니다. 그들은 이중 사다리를 이용해 배에 올라왔고, 모두 무장을 하고 있었습니다."

순간, 나는 이탈리아 해군 헬기와 해적들 사이에 벌어진 긴박한 상황이 궁금해졌다. 그래서 조심스럽게 물었다. "해적들이 선장님을 나이지리아 영해로 끌고 갔을 때, 이탈리아 해군 헬기가 추적해 왔다고 들었는데, 그때 어떤 일이 있었나요?"

그는 고개를 끄덕이며 답했다. "맞아요. 해적들이 고속 보트에 우리를 태우고 빠르게 이동하고 있었는데, 갑자기 군용 헬기 한 대가 나타났습니다. 헬기에서 경고 방송이 나왔지만, 해적들은 총으로 우리를 위협하며 헬기를 향해 발포하지 말라고 신호를 보내게 했습니다. 그러고는 직접 헬기를 향해 총을 쏘기까지 했죠."

나는 그 긴박했던 순간이 얼마나 공포스러웠을지 짐작하며 조심스럽게 물었다. "그때 정말 무서웠겠어요."

그는 깊은 한숨을 내쉬며 대답했다. "정말 공포스러웠습니다. 모두가 죽을 수도 있겠다는 생각이 들었죠. 해적들이 시키는 대로 할 수밖에 없었습니다. 대치가 한동안 이어졌지만, 해적들의 위협이 거세지자, 헬기도 끝내 추격을 포기하고 돌아갔습니다."

나는 이어서 억류 생활에 관해 물었다. "해적들의 은신처에 도착했을 때 상황은 어땠나요?"

그는 잠시 생각하더니 차분하게 말을 꺼냈다. "고속 보트로 20시간을 쉬지 않고 바다를 달렸어요. 속도가 너무 빨라 바다 위를 튕기듯 지나가는데, 파도에 부딪힐 때마다 엉덩이가 아프고 정신도 혼미해졌죠. 은신처에 도착했을 땐 온몸이 기름으로 범벅이었고, 지쳐서 그대로 쓰러졌습니다. 거의 열흘 동안 아파서 움직일 힘조차 없었어요."

"그동안 식사는 어떻게 해결했나요?"

"아침에는 빵 한 조각과 코코아 가루를, 저녁에는 '인도미'라는 현지 라면을 줬어요. 하지만 늘 배고팠죠."

나는 그의 말을 듣고 그가 겪었을 깊은 고통이 느껴졌다. "정말 힘든 상황이었을 텐데, 잘 견뎌주셔서 감사합니다. 석방될 때 상황은 어땠나요?"

그는 천천히 말을 이었다. "어느 날 해적들이 나가자고 하더군요. 배에 올라탔고, 한참 더 달릴 줄 알았는데 20분쯤 지나서 다른 배로 옮겨 타라고 했습니다. 그 순간, 석방될 거라는 직감이 들었죠. 주위는 칠흑같이 어두웠고, 수로도 매우 좁았지만, 해적들은 그곳을 마치 자기 집처럼 훤히 꿰고 있었습니다"

나는 그의 말을 들으며 해적들이 현지 지역사회와 깊게 얽혀 있다는 사실을 가늠할 수 있었다. 그에게 따뜻한 위로를 전하고자 그의 손을 잡고 말했다. 아내가 정성껏 준비한 한식 도시락을 건네며 "정말 고생 많으셨습니다. 이 음식이 조금이나마 위로가 되었으면 좋겠습니다"라고 덧붙였다.

도시락을 받자, 그는 감동한 듯 눈가에 눈물이 맺힌 채 말했다. "정말 감사합니다. 이렇게 한국 음식을 다시 먹을 수 있다니, 너무 행복합니다."

잠시 후, 나는 중국 교민회 대표와 대화를 이어갔다. "안녕하세요, 한국 대사관의 총영사입니다. 우리 국민을 안전하게 인도해 주셔서 정말 감사합니다. 어떻게 이번 일을 맡게 되셨나요?"

대표는 차분하게 답했다. "안녕하세요. 저는 나이지리아에서 30년 넘게 사업을 해왔습니다. 이곳에서 고위 관계자들과 긴밀한 관계를 맺어 왔고, 그 덕분에 여러 차례 해적과의 몸값 협상에 참여한 경험이 있습니다."

나는 관심을 기울이며 물었다. "그렇군요. 이번 신병 인수 과정에 대해 자세히 설명해 주실 수 있을까요?"

그는 고개를 끄덕이며 답했다. "매우 복잡한 과정입니다. 우선, 현지인을 동행해 포타코트 시내의 한 호텔에서 해적의 연락을 기다립니다. 이후 해적 지시에 따라 한 시간 정도 육로로 이동한 후, 중개인과 접선합니다. 우리 측에서는 한 명만 보트에 탑승해 복잡한 수로를 두 시간 정도 지나 몸값을 전달하고, 다시 5분 정도 보트로 이동해 억류된 선원들을 인도받는 방식입니다."

나는 그 과정의 복잡성과 위험성에 놀라며 신중하게 물었다. "절차가 굉장히 복잡하네요. 그런데 몸값은 얼마나 지불하셨나요?"

대표는 잠시 망설이다가 무겁게 입을 열었다. "몸값에 대해서는 지금 말씀드리기 어렵습니다, 총영사님. 모든 일이 마무리되면 그때 말씀드리겠습니다." 그는 몸값이 외부에 알려지면 자신에게 미칠 불편함을 염두에 둔 듯, 설명을 덧붙였다. "모든 비용은 제가 먼저 부담하고, 나중에 선박회사로부터 돌려받습니다. 선원들의 출국 절차도 우리 교민회에서 직접 처리하고 있죠. 그래서 외부에 노출되지 않도록 철저히 신경 쓰고 있습니다."

나는 그의 말을 듣고 몸값 문제는 민감한 사안이라는 것을 이해하며 고개를 끄덕였다. 그리고 다시 한번 감사의 마음을 전했다. "이번 일에 큰 도움을 주셔서 정말 감사합니다. 덕분에 우리 국민들이 무사히 돌아올 수 있었습니다."

대표는 미소를 지으며 말했다. "네, 앞으로도 어려운 상황이 생기면 언제든지 협력합시다."

나도 미소를 지으며 응답했다. "물론입니다. 이런 일이 다시는 일어나지 않기를 바라지만, 만약 그런 일이 생긴다면 긴밀히 협력하겠습니다."

7월이 되자, 중국 교민회 대표가 다시 우리 공관에 연락을 해왔다고 경찰 영사가 보고했다.

"총영사님, 중국 측에서 출국 항공편이 준비되었다고 합니다.

입국 때와 마찬가지로, 이번에도 공항에 나오는 대신 숙소에서 마무리하는 게 좋겠다는 의견입니다. 비공식적인 출국이라 외부의 관심을 피하고 싶다고 하네요."

"알겠습니다. 공항 대신 차이나타운 숙소에서 마지막 인사를 나누는 게 좋겠군요."

그렇게 해서 나는 경찰 영사와 함께 차이나타운에 있는 숙소를 찾아갔다. 석방된 선장은 우리를 반갑게 맞이하며 진심 어린 목소리로 거듭 감사의 인사를 전했다.

"정말 감사드립니다. 총영사님의 도시락 덕분에 큰 위로를 받았습니다."

나는 따뜻한 눈빛으로 그를 바라보며 말했다. "이제 가족의 품으로 돌아가서 편히 쉬십시오. 그동안 정말 고생 많으셨습니다."

우리는 그를 무사히 가나에 있는 가족에게 보내며, 오랫동안 억눌렸던 긴장이 조금은 풀리는 것을 느꼈다. 이렇게 두 건의 피랍 사건 중 하나가 마침내 안전하게 마무리되었다. 하지만 여전히 베냉 연안에서 피랍된 우리 국민 4명이 남아 있었다.

양측 간의 팽팽한 줄다리기가 이어지면서 협상이 언제 끝날지 예측하기 어려웠다. 해적들은 가능한 한 높은 몸값을 요구했고, 선주 측은 이를 낮추기 위해 신중한 협상을 진행했다. 이런 협상 과정을 통해 최종 합의에 이르는 것이 일반적이었다.

피랍된 지 두 달 가까이 협상이 길어지면서 긴장감은 극에 달했다. 우리 선사 측은 하루하루가 끝이 보이지 않는 불안과 초조의 연속이었고, 협상의 작은 변화조차도 모두에게 큰 영향을 미쳤다. 더 이상 미룰 수 없는 순간이 다가오고 있다는 압박감이 주변을 무겁게 짓누르던 중, 드디어 선박회사 측에서 몸값 협상이 최종 마무리되었다는 소식이 전해졌다. 순간, 가슴에 얹혀 있던 큰 짐이 잠시 내려가는 듯한 안도감이 들었다. 이제 남은 것은 몸값을 전달하고 선원들을 안전하게 인수하는 일이었다. 그 과정에서 또 다른 해적 세력의 위협이 도사리고 있었기에, 여전히 긴장의 끈을 놓을 수 없었다.

나는 경찰 영사에게 단호히 지시했다. "즉시 니제르 삼각주로 출발하세요. 석방될 우리 국민들이 안전하게 머무를 숙소를 확보하는 것이 최우선입니다. 차량 이동 경로와 경호업체도 철저히 준비해야 합니다."

경찰 영사는 메모하며 신중히 대답했다. "그 지역은 특히 위험합니다. 반정부 무장단체가 활발히 활동해 총격전이 잦고, 납치 사건도 빈번합니다. 철저히 준비하겠습니다. 차량이 통과할 경로를 면밀히 점검하고, 긴급 상황에 대비해 우회 경로도 확보하겠습니다."

나는 다시 한번 당부했다. "좋습니다. 신속하면서도 안전하게 선원들을 인수할 수 있도록 만반의 준비를 해주세요."

그는 결연한 목소리로 답했다. "언제든지 예기치 못한 위험이 도사릴 수 있으니, 긴장을 늦추지 않고 철저히 대비하겠습니다."

사전 준비가 완료되었고, 이제 해적들과의 신병 인수 절차만이 남아 있었다. 선박회사는 몸값을 전달하고 우리 국민들을 안전하게 인수하기 위해 현지 지리에 밝은 특별 인수팀을 비밀리에 고용했다. 몸값 협상은 마무리되었지만, 해적들과의 조율은 여전히 쉽지 않았다. 해적들은 위치가 노출되는 것을 극도로 경계하며 접선 장소를 계속 바꾸었고, 보안을 더욱 강화했다.

우리 측도 만반의 준비를 갖추고 있었다. 해적들이 몸값을 받은 뒤에도 인질을 석방하지 않을 가능성에 대비해 모든 상황을 면밀히 점검했다. 해적들은 지역사회와 깊게 얽혀 있었고, 마치 보호받는 기업처럼 움직였다. 그들은 자신들만의 절차를 철저히 따르며, 인질의 생명을 담보로 삼아 자신들의 요구를 관철시키려 했다. 협상의 결렬은 인질의 생명을 위협할 수 있는 상황이었기 때문에, 우리는 국민의 안전을 지키기 위해 모든 수단을 동원하며 긴박한 순간을 맞이했다.

밤이 되자, 신병 인수팀은 해적들이 지정한 장소로 조심스럽게 이동했다. 1차 접선 장소에 도착하자, 해적의 조력자로 보이는 인물이 나타나 우리 팀을 작은 선착장으로 안내했다. 그곳에서 배를 타고 복잡한 수로를 한참 동안 이동했다. 니제르 삼각주 지역의 해적들은 인질을 인도할 때 늘 이처럼 치밀하게 보안을 유지했다.

한편, 포타코트에서는 경찰 영사와 아부자 대사관 출장팀은 신병 인수팀이 무사히 돌아오기를 초조하게 기다렸다. 시간이 흐를

수록 모두의 긴장감은 고조되었고, 만일의 사태에 대비해 상황을 예의주시했다.

마침내 기다리던 연락이 왔다. 우리 국민들이 무사히 신병 인수 팀에 인도되었다는 소식이었다. 그 순간, 오랜 긴장이 풀리며 모두의 얼굴에 안도의 기색이 스쳤다. 이번 작전이 성공적으로 마무리된 것이다.

"총영사님, 우리 국민들이 무사히 인도되었습니다. 많이 지쳐 보이지만 큰 건강 문제는 없어 보입니다!" 경찰 영사의 목소리에는 안도와 기쁨이 묻어났다.

"정말 다행입니다. 건강 검사는 진행되었나요?"

"네, 이제 곧 임시 숙소로 이동해 간단한 건강 검사를 받을 예정입니다." 경찰 영사가 침착하게 대답했다.

"좋습니다. 우리 국민들을 끝까지 안전하게 보호해 주시고, 우리는 내일 라고스 공항에서 만나죠." 나는 마지막으로 그에게 신중한 대응을 당부했다.

다음 날 이른 아침, 경찰 영사는 우리 국민들과 함께 라고스로 출발했다. 나는 공항에서 그들을 직접 맞이했다. 오랜 억류 생활의 흔적이 선명히 남아 있었지만, 그들의 심신이 많이 지쳐 보였음에도 큰 건강상의 문제는 없어 보여 안도의 마음이 들었다. 일부 선원은 피부 질환을 호소했지만, 무사히 돌아온 것에 모두가 감사했다.

그날 저녁, 우리 공관은 임시 숙소에서 조촐한 환영 만찬을 마련했다. 삼겹살과 김치 등 정성스럽게 준비된 한식이 상에 차려지자, 그들은 오랜만에 고향의 음식을 맛보며 감동한 표정을 지었다. "이렇게 다시 삼겹살을 먹을 수 있다니, 이 순간이 너무 소중하게 느껴집니다." 그들의 미소에서 억류 생활의 고통이 잠시나마 잊히는 듯했다. 몸과 마음의 상처가 쉽게 아물지는 않겠지만, 그 순간만큼은 진정한 안도와 행복을 느꼈을 것이다.

이제 그들이 하루빨리 고국으로 돌아갈 수 있도록 돕는 일만이 남았다. 모두가 극도로 지쳐 있었기에, 신속한 귀국 절차를 진행하는 것이 최우선 과제가 되었다. 우리 공관은 나이지리아 정부와 긴밀히 협조해 합동 조사가 신속히 진행되도록 지속적으로 요청했다. 이 조사가 완료되어야만 연방정부로부터 출국 허가를 받을 수 있었기 때문이다.

다행히도 조사는 예상보다 순조롭게 진행되었다. 선원들은 피랍 당시 상황, 해적들의 은신처, 그리고 자신들을 감시하던 해적들의 행동과 말투에 대해 상세히 진술했다. 이들의 증언은 해적들의 조직적이고 치밀한 활동을 파악하는 데 중요한 단서를 제공했다.

조사 후, 나는 합동조사팀장을 만나 이번 조사 결과를 논의하며 기니만 해적들의 활동에 대해 다양한 의견을 나누었다. 특히 해적들의 조직 운영 방식과 지역사회와의 연계에 대해 깊이 논의했다.

"제가 이곳에 부임한 이후, 우리 국민이 해적에게 피해를 입은 사건만 벌써 세 번입니다. 해적들이 점점 더 치밀하게 움직이고 있는 것 같습니다." 내가 말을 꺼내자, 팀장은 고개를 끄덕이며 동의했다.

"맞습니다. 이번 조사를 통해 얻은 정보는 기니만 해적 문제 대응에 매우 유용할 것입니다. 특히 해적들의 본거지와 행동 패턴을 명확히 파악한 것이 큰 성과입니다."

나는 이어서 물었다. "최근 해적 활동이 더욱 조직적으로 변하면서 기니만 전역에서 활발해지고 있는데, 나이지리아 정부는 이 문제를 해결하기 위해 어떤 노력을 하고 있나요?"

합동조사팀장은 잠시 놀란 듯했지만, 곧 진지한 표정으로 답했다. "기니만 해적 문제는 우리 정부의 최우선 과제 중 하나입니다. 이를 해결하기 위해 우리는 '딥블루 프로젝트'를 도입해 해적 퇴치에 전력을 다하고 있습니다.

그의 말에 나는 관심을 기울이며 질문을 이어갔다. "딥블루 프로젝트에 대해 많이 들었습니다. 나이지리아 정부가 상당한 금액을 투자한 것으로 알고 있습니다."

그는 고개를 끄덕이며 대답했다. "네, 맞습니다. 해적 소탕을 위해 약 2억 달러를 투자해 자원과 인력을 대폭 확충했습니다. 최근에는 첨단 장비를 갖춘 해적 대응 종합상황실(C4I)을 설치해 더 체계적으로 대응하고 있습니다."

나는 조심스럽게 또 다른 질문을 던졌다. "해적 조직은 모두 나이지리아 사람들로 구성된 건가요?"

그는 고개를 저으며 설명했다. "아닙니다. 해적 조직에는 나이지리아뿐만 아니라 가나, 카메룬 등 인접국 출신의 외국인들도 많이 포함되어 있습니다. 최근에는 백인들까지 해적 활동에 가담한 사례가 보고되고 있습니다. 현지 지역사회에서 모집된 젊은이들, 전직 선원, 실직된 어부들까지 참여하고 있죠. 이들은 기니만 해역의 항로에 익숙하며, 뛰어난 항해 기술도 보유하고 있습니다."

그의 설명을 들으며 나는 상황의 복잡함과 심각성을 더욱 실감했다. 그는 계속해서 말했다. "게다가 전직 무장단체의 일원들까지 해적 조직에 합류하고 있습니다. 이로 인해 해적단체는 단순 범죄 집단을 넘어, 여러 그룹이 결합된 신디케이트로 발전하고 있습니다."

나는 신중하게 물었다. "최근 들어 해적들의 공격이 점점 대담해지고, 그 방식도 더 정교해지는 것 같습니다. 인질 협상도 마치 전문가의 도움을 받는 듯한 인상을 주는데, 어떻게 생각하시나요?"

그는 잠시 생각에 잠긴 후 조심스럽게 말했다. "해적 조직 내에 인질 협상을 전문적으로 담당하는 인물이 있는 것으로 보입니다. 해적들도 협상이 길어지는 걸 원치 않기 때문에, 빠르게 협상을 끝내고 새로운 공격 대상을 찾는 것이 더 유리하다고 판단하는 것 같습니다."

나는 그의 의견에 공감하며 대화를 이어갔다. "맞습니다. 우리 선박회사들도 해적들이 협상을 매우 능숙하게 진행한다는 점을 경험하고 있습니다. 그렇다면, 지난번 합동 조사에서 해적 본거지를 소탕할 계획이 있다고 하셨는데, 그 작전은 어떻게 진행되었나요?"

합동조사팀장은 한숨을 내쉬며 대답했다. "본거지로 가는 수로는 매우 복잡하고, 해적들이 맹그로브 숲 깊숙이 은신하고 있어 작전이 쉽지 않았습니다. 해적들이 지역사회와도 긴밀히 연결되어 있어서 작전 전에 정보가 새어 나갈 위험도 컸죠. 지난번 소탕 작전을 펼쳤지만, 해적들은 이미 본거지를 옮긴 상태여서 큰 성과를 거두지 못했습니다. 하지만 리더급 인물의 신원을 파악하는 데는 성공했습니다."

나는 그의 노력을 인정하며 말했다. "그나마 다행입니다. 해적 세력을 완전히 근절하는 것은 쉽지 않겠지만, 이번 작전이 그들의 활동을 억제하는 데 조금이라도 도움이 되길 바랍니다.

당시 전문가들은 니제르 삼각주 지역의 해적 행위를 근절하기 위해 빈곤, 청년 실업, 지방 관료들의 부정부패 같은 근본적인 문제들이 해결되어야 한다는 데 공감하고 있었다. 이런 상황에서 나이지리아 정부와 긴밀히 협력하여 해적 퇴치 노력을 지지하는 것은 내게 필수적이고 최우선 과제였다.

해적 관련 논의를 마친 후, 우리는 선원들과 함께 임시 숙소로 이동했다. 조사가 마무리되었으니 이제 연방 이민청의 출국 허가를 기다리는 일만 남아 있었다.

당시 중국은 자국민을 포함한 피랍된 선원들의 출국을 비공식적인 절차로 진행했다. 이 과정은 중국 교민회가 주도했다. 우리 정부도 초기에는 비슷한 방식을 검토했지만, 외교적 문제로 번질 가능성을 고려해, 정식 절차를 따르기로 했다. 출국 절차를 무시할 경우, 우리 정부의 외교적 입지가 손상될 수 있다는 우려 때문이었다.

이런 이유로 나는 연방 이민청의 승인 절차 동안 라고스 주정부 이민국장과 계속 연락을 유지했다. 연방정부의 승인이 나오는 즉시 출국이 가능하도록 협조를 요청했다. 다행히도 이민국장은 과거 한국에서 연수를 받은 친한파 관료였고, 우리 국민 관련 문제에 항상 적극적으로 협조했다.

라고스 이민국장 면담, 출처: 외교부

　합동 조사가 끝난 며칠 후, 연방정부로부터 출국 허가가 완료되었다는 통보를 받았다. 다음 날, 나는 공항 출국장에서 선원들을 배웅했다. 몸값 협상은 예상보다 길어졌지만, 결국 모든 선원이 무사히 가족의 품으로 돌아갈 수 있게 되었다는 사실에 안도했다.

　이번 사건은 해적과의 협상이 얼마나 복잡하고 예측하기 어려운지를 다시 한번 깨닫게 했다. 우리 국민의 생명이 걸린 문제였기에 한순간도 긴장을 늦출 수 없었고, 작은 실수도 큰 결과로 이어질 수 있는 중대한 과정이었다. 매 순간이 극도의 신중함과 인내를 필요로 했다.

우리 선원들이 무사히 귀환하는 모습을 보며 그동안의 노력이 결실을 맺었음을 실감했다. 다시는 이런 상황이 반복되지 않기를 바라며, 나는 집으로 돌아왔다.

라고스에서의 작별

— 아프리카에 남긴 추억과 감사 —

공항으로 향하는 길에 처음 라고스에 도착했을 때의 기억이 떠올랐다. 그때는 극심한 교통체증에 긴 다리 위에서 꼼짝없이 갇혔었지만, 오늘은 마치 내 귀국을 축하하듯 도로가 막힘없이 이어졌다. 창밖으로 보이는 수상가옥 빈민촌도 이제는 낯설지 않았다. 라고스와의 이별이 다가올수록, 이곳에서 보낸 시간이 더 소중하게 느껴졌다.

한국에 돌아가면 이곳의 많은 것들이 그리울 것이다. 신선하고 저렴한 열대 과일들, 아침저녁으로 교통체증을 피해 석호 위를 누비던 수상 보트들, 사무실 창문 너머로 매일 바라보던 푸르른 흑단 나무, 저녁노을로 붉게 물들던 하늘, 그리고 장대비가 쏟아지다 금세 맑아지던 열대 날씨까지. 라고스에서 보낸 시간은 내 인생의 중요한 한 페이지로 남게 되었다.

여정을 마무리하며 돌아보니, 아프리카에서의 시간은 단순한 직업적 경험을 넘어, 내 삶을 풍요롭게 만든 배움과 성찰의 시간이었다. 이곳에서 겪은 도전과 어려움은 나를 더욱 강인하게 했고, 만났던 사람들과의 인연은 진정한 인간애와 신뢰의 의미를 깨닫게 해주었다. 아프리카는 단순한 근무지가 아닌, 내 인생의 중요한 한 장을 함께 써 내려간 소중한 장소로 남게 되었다.

언제 다시 이곳에 오게 될지는 알 수 없지만, 마음 깊이 작별 인사를 전했다.

"아프리카여, 이제 안녕. 내 가슴 속에 영원히 남을 너에게 깊은 감사를 전한다."

아프리카에 대한 오해와 편견을 넘어
— 아프리카의 재발견 그리고 도전의 여정 —

        2023년 8월, 나는 마침내 아프리카를 떠나 한국으로 복귀했다. 외교부에서 30년 가까이 근무하면서 그중 12년을 아프리카 여러 국가에서 보냈다. 처음에는 발령에 따라 이 대륙에 첫발을 디뎠지만, 이후에는 스스로 아프리카를 선택했다. 외교관이자 영사로서, 그리고 한 인간으로서, 나는 아프리카에 지울 수 없는 흔적을 남겼다.

  많은 이들이 여전히 아프리카를 생각하면 단순히 흑인들만 사는 대륙, 기아와 빈곤, 질병이 만연한 곳이라는 고정관념을 떠올린다. 그러나 이 대륙은 54개의 국가, 14억 명의 인구, 2천 개가 넘는 언어와 다양한 문화를 품고 있다. 아프리카를 단일한 나라처럼 보는 시각은 서구 중심주의에서 비롯된 편협한 사고의 결과다.

  그러나 아프리카는 단순히 통계나 선입견으로 정의될 수 없는 대륙이다. 이곳은 인류의 근원지이자, 최초의 문화가 시작된 땅이다. 인류의 역사는 아프리카를 빼고는 시작되거나 완성될 수 없었다. 지금, 이 순간에도 아프리카의 사람들은 우리와 같은 꿈을 꾸며, 그들의 뜨거운 심장은 활기차게 박동하고 있다. 그들은 같은 인간애를 공유하는 이웃이며, 그들의 삶과 문화를 이해하는 것은 우리 모두의 중요한 과제다.

아프리카는 다양한 문화와 아름다운 자연이 공존하는 대륙이다. 끝없이 펼쳐진 평원, 울창한 숲과 밀림, 그리고 눈부신 해변이 이곳을 가득 채우고 있다. 무엇보다 따뜻한 온정을 지닌 사람들이 이곳에 살고 있다. 물론, 아프리카에는 빈곤, 질병, 내전과 쿠데타 등 불안한 정치적 어려움도 여전히 존재한다. 그러나 이러한 문제들은 비단 아프리카만의 것이 아니다. 오늘날 중동, 중남미, 동남아시아 등 많은 저개발 국가가 공통으로 겪고 있는 현실이기도 하다.

내가 최근까지 근무했던 나이지리아는 인구가 2억 2천만 명을 넘는 아프리카 최대의 대국이다. 그중에서도 라고스는 인구가 2천만 명을 넘었으며, 21세기 말에는 8천만 명에 육박할 것이라는 예측도 있다. 라고스는 단순히 거대한 도시일 뿐만 아니라, 경제적으로도 엄청난 잠재력을 가지고 있다. 풍부한 천연자원과 인적자원을 바탕으로, 라고스주의 경제 규모는 아프리카 국가 중 상위 10위 안에 든다.

또한, 라고스는 '놀리우드(Nollywood)'라는 나이지리아판 할리우

드의 본거지로, 영화 제작 수 면에서 미국 할리우드를 능가하는 영화 산업을 자랑한다. 나이지리아는 노벨 문학상 수상자인 웰레 소잉카(Wole Soyinka)를 배출한 문화의 땅이며, 세계적인 아프로비츠(Afrobeats) 아티스트 위즈키드(Wizkid)도 이곳 출신이다.

아프리카는 수천 년의 문화를 품고 있는 대륙이며, 그곳에서 살아가는 사람들의 삶이 우리와 크게 다르지 않다는 것을 나는 이곳에서 깨닫게 되었다. 아프리카에서의 시간은 나에게 많은 것을 깨우쳐 주었고, 아프리카의 진정한 모습을 이해하는 데 큰 밑거름이 되었다.

그러나 아프리카에서의 삶은 매 순간이 도전이었다. 기니만 해역에서 해양 안전을 책임지며, 나는 끊임없는 사회적 갈등과 예상치 못한 위험 속에서 일해야 했다. 내전과 쿠데타, 무장단체의 위협이 일상이었던 시절 수많은 위기를 겪었지만, 아프리카 사람들의 강인한 생명력은 언제나 인상 깊었다. 이들은 어려운 환경 속에서도 결코 웃음을 잃지 않았으며, 서로를 의지하며 삶을 이어갔다.

아프리카에서의 시간은 내게 수많은 도전과 기회를 안겨주었다. 처음 이 땅에 발을 디뎠을 때는 낯선 환경과 문화에 적응하기 쉽지 않았지만, 시간이 지나면서 점차 이곳의 매력에 빠져들었다. 다양한 문화, 눈부신 자연, 그리고 따뜻한 사람들은 내게 깊은 영감을 주었고, 어느새 아프리카는 더 이상 낯선 곳이 아니었다.

아프리카에서 만난 모든 이들에게 진심으로 감사를 전한다. 그들은 내 삶에 잊을 수 없는 흔적을 남겼고, 함께한 시간은 평생 간직할 소중한 추억이 되었다. 무엇보다도 현지 동료들과의 협력이 이곳에서의 의미 있는 경험을 가능하게 했다. 한국으로 돌아왔지만, 아프리카에 대한 나의 애정과 관심은 여전히 깊으며 앞으로도 계속될 것이다.

나는 앞으로도 아프리카와의 지속적인 교류와 협력을 위해 최선을 다할 것이다. 아프리카에서 얻은 값진 교훈과 추억을 마음에 새기며, 새로운 도전을 향해 한 걸음 더 내딛으려 한다.

아프리카에서 만난 사람들

— 그들과의 소중한 인연 —

아프리카에서 함께한 소중한 인연들은 시간이 지나도 잊히지 않는 기억으로 남아 있다. 처음 발령받은 코트디부아르에 정착하는 과정은 결코 쉽지 않았다. 특히 치안 문제는 우리 가족에게 가장 큰 걱정거리였다. 병원에서 무장 강도에 억류된 순간, 거리에서 벌어진 폭동의 공포, 선거 결과 불복으로 초래한 국가비상사태의 긴장감 등은 지금도 생생히 기억난다. 낯선 땅에서 긴장의 연속이었던 일상은 우리에게 큰 도전이었다.

그럼에도 4년간의 아비장 생활 동안 우리는 좋은 사람들을 많이 만났고, 그들과의 인연은 우리의 일상에 큰 위안이 되었다. 주말이면 함께 운동을 마치고, 커다란 망고나무 아래의 작은 식당에서 현지 음식을 즐기며 일상의 어려움을 잠시 잊곤 했다. 특히 바삭하고 고소한 뿔레 브레제(Poulet braise)는 우리 가족이 가장 좋아하던 음식이었다. 아찌께(Attieke)와 알로꼬(Alloco) 같은 현지 음식도 코트디부아르에서의 추억을 더욱 특별하게 만들어 주었다.

좋은 사람들과의 교류 속에서 함께 보낸 시간은 우리에게 큰 힘이 되었다. 서로에게 의지하며 나눈 그 순간들은 평생 잊지 못할 인연으로 남아 있다. 어려운 상황 속에서도 함께했던 경험들이야말로 코트디부아르에서의 생활을 버틸 수 있게 해준 원동력이었고, 그 기억은 지금도 내 마음속에 따뜻하게 자리하고 있다.

가봉에서 만난 아다마 역시 내 기억 속에 생생하다. 대사관의 정원사였던 그는 성실하고 충직한 태도로 나에게 깊은 인상을 남겼다. 하루는 대사관 정원을 새롭게 꾸미기 위해 꽃과 잔디를 심었다. 이때 나는 아다마에게 "무슨 일이 있어도 하루에 한 번씩은 꼭 물을 줘야 해"라고 여러 번 강조했다.

며칠 후, 비가 쏟아지던 어느 날 정원을 둘러보던 중, 아다마가 여전히 물을 주고 있는 모습을 보고 깜짝 놀랐다. 아마 그도 비가 오는 날 물을 줄 필요가 있는지 고민했겠지만, 내가 "무슨 일이 있어도" 물을 주라고 한 지시를 충실히 따르려 했던 것이었다. 그 모습을 보고 웃음이 나면서도, 동시에 깊은 감동도 느꼈다. 누군가는 그의 행동을 우둔하다고 여길 수 있겠지만, 나는 그의 충직함을 진심으로 인정할 수밖에 없었다. 이 일화는 아프리카에서 만난 사람들의 진정성과 성실함을 다시금 깨닫게 해준 계기가 되었다.

나이지리아에서도 나와 가까이 지냈던 사람들은 내 아프리카 생활을 더욱 풍요롭고 의미 있게 만들어 준 소중한 인연들이었다. 공관에서 청소를 담당했던 에스터, 주방에서 요리를 보조하던 블레싱, 그리고 나의 개인 운전사 선데이 모두 각자의 자리에서 최선을 다하며 나와 함께 일했다.

에스터는 열렬한 K-POP 팬이었다. 그녀가 나보다도 한국 노래를 더 잘 부르는 모습을 보며, 한류가 나이지리아 깊숙이 스며들었음을 실감했다. 그녀는 한국문화원이 주관한 K-POP 경연대회에 참가할 정도로 열정적이었다.

블레싱은 뛰어난 요리 실력과 놀라운 기억력을 자랑했다. 특히 한국 음식에 대한 깊은 관심은 인상적이었다. 아내가 가르쳐준 요리법을 그대로 재현하는 그녀의 능력은 감탄을 자아냈다. 또한 주말마다 미용학원에서 미래를 준비하는 그녀의 모습에서 삶에 대한 강한 책임감과 목표 의식이 엿보였다.

선데이는 학자이자 지식인이었다. 그의 지적 열정은 늘 강렬하게 다가왔다. 대기 시간에도 성경책이나 신문을 손에서 놓지 않으며, 항상 새로운 것을 배우려는 자세를 잃지 않았다. 최근에 그가 출간한 책의 첫 페이지에는 나를 위한 헌정 문구가 적혀 있었다. 그의 헌사는 나의 아프리카 경험을 한층 특별하게 만들어 주었다.

그들과 함께한 시간은 단순한 업무 관계를 넘어 진정한 인간적 교류로 이어졌다. 그들과 나눈 대화와 교감은 내 삶을 더욱 풍요롭게 해주었고, 그들이 남긴 흔적은 나의 아프리카 경험을 더욱 귀중한 자산으로 만들어 주었다.

변화하는 외교부

― 재외국민보호 서비스의 진화 ―

외교부에 처음 발을 디딘 이후, 나는 기니에서의 우리 기업인 피랍, 말리에서의 법인장 강제 억류, 그리고 니제르 델타에서 해적에 의한 국민 피랍 등, 일반 외교관들이 쉽게 경험하지 못하는 다양한 위기 상황에 직간접적으로 관여하며 중요한 역할을 해왔다.

외교부는 그동안 많은 변화를 겪었는데, 그중 대표적인 것이 2019년에 제정된 재외국민 보호를 위한 영사조력법이다. 과거에도 재외국민 보호는 우리 정부의 기본적인 책무였지만, 이 법의 제정으로 그 책임이 더욱 체계적으로 정비되고 강화되었다. 내가 처음 피랍 사건 해결에 나섰을 때만 해도 외교부 내에 피랍 사건을 전담하는 조직이 없었고, 재정적 지원이나 전문가의 조언을 구하기 어려웠다. 현지에서 모든 문제를 영사 스스로 해결해야 했다. 특히 피랍 사건은 전문적인 협상 기술과 납치 단체에 대한 정보가 필수적이었으나, 이를 영사 혼자 해결하기에는 많은 어려움이 있었다.

그럼에도 현장에서 발로 뛰는 영사의 역할은 여전히 결정적이었다. 피랍 사건이 발생할 때마다 영사는 현장에 나가 정보를 수집하고, 주재국 정부와 협력하여 우리 국민의 안전을 확보하기 위한 노력을 기울여야 했다. 사건의 성패는 신속한 대응과 판단에 달려 있었고, 이러한 상황에서 영사의 역할은 외교관의 책무를 넘어 국민의 생명과 안전을 지키는 치열한 전투와 같았다.

최근 기니만 해역에서 발생한 우리 국민 피랍 사건은 재외국민 보호를 위한 정부의 정보 수집과 외교 역량이 크게 발전했음을 보여주는 대표적인 사례다. 이번 사건에서 정부는 해외에서 위급 상황이 발생했을 때 본부와 대사관 간의 협력 체계를 신속하게 가동했다. 대책본부는 관계기관들과의 협력을 통해 빠르게 관련 정보를 수집하고, 다양한 대응 전략을 마련하여 국민의 안전을 확보하는 데 큰 역할을 했다.

본부와 대사관, 그리고 관계기관이 참여하는 화상 회의는 수시로 열려, 각종 상황에 맞춰 외교적 역량을 최대한 발휘할 수 있도록 체계가 구축되었다. 특히 본부는 신속대응팀을 해당 대사관에 파견해 현지에서의 대응력을 강화하고, 만약 우리 국민의 대피가 필요할 경우 전세기를 파견해 안전한 철수를 지원할 준비를 갖추고 있었다.

과거에는 전세기를 띄우는 일이 매우 어려웠다. 그래서 미국이나 프랑스 같은 강대국이 자국민을 철수할 때, 우리 국민도 함께 대피시킬 수 있도록 외교적인 노력이 필수적이었다. 나도 2012년 말리 내전 당시 반군이 수도 바마코 인근까지 진격했을 때, 현지에 남아 있던 우리 국민의 철수를 위해 프랑스 정부의 전세기나 군용기를 이용할 수 있도록 프랑스 대사관과 긴밀한 협력을 유지했다. 이를 위해 말리 출장 때마다 프랑스 대사관 영사와의 만남을 최우선으로 삼아 협력 관계 구축에 심혈을 기울였다.

이제는 재외국민 보호를 위한 영사조력법의 도입으로 위기 대응 시스템이 더욱 체계적이고 효과적으로 정비되었다. 이 법은 위급 상황에서 재외국민이 국가로부터 보호받을 권리를 명확히 규정하고, 외교 현장에서의 대응력을 한층 강화했다. 특히 현장에 나가 있는 영사와 대사관 직원들은 축적된 경험과 전문성을 바탕으로, 보다 적극적이고 능동적으로 재외국민 보호 업무에 임할 수 있게 되었다.

또한 공관과 본부 간의 원활한 소통이 신속한 정보 공유를 가능하게 했고, 이를 통해 위기 상황에서 협력 체계가 빠르게 구축되었다. 그 결과, 재외국민 보호는 단순한 영사 업무를 넘어, 국가의 중요한 책무로 자리 잡았다.

이러한 변화는 국민의 생명과 안전을 지키기 위한 정부의 강한 의지를 단적으로 보여준다. 외교부의 발전은 정책 변화에 머물지 않고, 재외국민 보호를 위한 실질적인 시스템 개선과 조치를 통해 국민의 신뢰를 더욱 공고히 다지기 위한 노력이기도 하다. 앞으로도 외교부는 전 세계 어디서든 우리 국민이 안전하게 보호받을 수 있도록 최선을 다할 것이다.

특히, 현장에서 발로 뛰는 영사들의 헌신은 이러한 변화의 중심에 있으며, 그들의 역할은 더욱 중요해지고 있다. 지금, 이 순간에도 영사들은 '재외국민보호'라는 사명 아래, 긴박한 상황 속에서 신속하고 정확하게 대응하며 국민의 생명과 안전을 위해 노력하고 있다. 그들의 노고는 어떠한 가치와도 비교할 수 없는 소중한 자산으로, 앞으로도 재외국민 보호의 최전선에서 그 중요성을 실현해 나갈 것이다.